2008年
アメリカ大統領選挙

オバマの当選は何を意味するのか

吉野 孝 ＋ 前嶋 和弘 編著

東信堂

プロローグ

　2000年のアメリカ大統領選挙の一般投票の直後に，民主・共和両党の勝敗を州別に初めて色分けして，「赤で示された共和党支持州が大海のように拡がり，青で示された民主党支持州が孤島のように赤い大海に取り囲まれる」という衝撃的なイメージを初めて読者に伝えたのは，『ニューヨーク・タイムズ』であった (Ceaser and Busch 2005: 1)。以来，「分断されたアメリカ」——「2つのアメリカ」ともいう[1]——が，アメリカの政治，経済，社会を分析し説明するための主要なキーワードとなった。
　たとえば，スタンレー・B・グリーンバーグは『2つのアメリカ』(2004年)の中で，現代アメリカの行き詰まりとその打開策を論じ，ピエトロ・S・ニヴォラとディヴィッド・W・ブラディは『赤と青の国？』(2006年)で，政治リーダーと活動家の間での2極化された見方がどの程度にまで国民一般にも反映されているのかを検討した。また，アール・ブラックとメーレ・ブラックは『分断されたアメリカ』(2007年)の中で，保守的な共和党とリベラルな民主党の間での政権を求める闘いがアメリカ政治を引き裂いていると主張した (Greenberg 2004; Nivola and Brady 2006; Black and Black 2007)。
　2大政党の対立は，イラク戦争をめぐっても先鋭化した。2004年の大統領選挙で，イラクでの戦闘の成果と国内でのテロ対策の重要性を訴えたブッシュ大統領が再選されたものの，イラクへの米軍駐留が長引き，泥沼化の様相が見え始めると，ブッシュ政権への批判が高まった。その結果，2006年の中間選挙では，連邦下院で民主党が多数党の地位を獲得した。ペロシ下院議長を中心とする民主党指導者，ヒラリー・クリン

トン,バラク・オバマら大統領選挙への立候補予定者は,この追い風にのって,次の大統領選挙で民主党が大統領職を奪い返すことを目指した。

さて,このような論調と現実の動きを背景として戦われたのが2008年の大統領選挙であり,そこで当初の予想に反して当選したのが民主党大統領候補者オバマであった。オバマは,予備選挙期間中には,「そう,われわれにはできる (Yes, We Can)」という演説のフレーズを効果的に使ったこと,予備選挙および本選挙運動において最新のインターネット技術を使って若い支持者を動員したことで注目され,彼が大統領に当選すると,アメリカ初のアフリカ系アメリカ人大統領が誕生したという点でその歴史的な意義が高く評価された。また,彼の「変化」と「1つのアメリカ」という訴えは多くの選挙民の心を捉え,「オバマなら金融危機を含めアメリカが抱えている多くの問題を解決することができるかもしれない」という彼への期待は大統領就任前から異様な高まりを示したのである。

ところで,2008年の大統領選挙が多くの点でアメリカの政治,経済,社会の大きな変化を暗示しているのにもかかわらず,この選挙の多くの様相やそれらの意味が,必ずしも十分に分析されていない。

たとえば,アメリカにおいても日本においても,メディアはオバマがインターネットを駆使したことを大きく報道した。しかし,彼のインターネット戦略の全体像や実際の動員効果についての詳細な検討はなされていない。メディアはオバマの両親,彼の生い立ち,シカゴでのコミュニティ活動について報道した。しかし,その扱い方は一貫して好意的であり,彼の議員活動やパーソナリティの研究はまだなされていない。また,メディアは,共和党の大統領候補者が決まらないうちは宗教右派の活動に注目した。しかし,中道派のマケインが候補者に指名されると,宗教右派に関する報道は事実上姿を消してしまった。

さらに重要なことに,2008年の大統領選挙により「分断されたアメリカ」が修復されたのか否か,そして,もし修復されたとするなら,それはどのようにしてなのかが大きな疑問であったのにもかかわらず,この点が正面から取り上げられていない。日本において大統領選挙の直後よ

り，オバマが当選した理由やオバマの当選の意味を考察するいくつかの研究が刊行されている[2]とはいえ，なお2008年の大統領選挙の意味，オバマが大統領に当選した意味は十分に解明されてはいないのである。

本書の目的は，2008年のアメリカ大統領選挙過程全体に焦点を合わせ，2008年の大統領選挙の意味，そしてオバマが大統領に当選した意味を多面的に検討することにある。

第1章では，国内政策を中心に2大政党の政策対立は1960年代より先鋭化したこと，それはアメリカにおける南部の政治的影響力の増大という社会変化，アメリカに特有の集団競争の動態を反映していたこと，そして，「分断されたアメリカ」論が1990年代以降の2大政党の対立の特殊な様相から主張されたものであることが明らかにされる。

第2章では，今回の大統領候補者指名競争の特徴と最近の民主党支持者の潜在的増加傾向が指摘され，オバマにより予備選挙から候補者ウェブ，ソーシャル・ネットワーキング・サービス，動画投稿サイトなどの最新のインターネット技術が大々的に利用されたことが説明され，最後に「オバマ現象」とは何であったのかが考察される。

第3章では，本選挙の結果と選挙運動の特徴の概要が示された後，選挙戦の終盤には選挙民にとって最大の争点は経済問題になり，経済状況の見方と投票に高い相関関係がありそうなこと，選挙戦の終盤にはマスメディアも経済問題をもっとも多く取り上げるようになっていたこと，そして，オバマとマケインが主要争点にどのような立場をとったのかが検討される。

第4章では，オバマの戦略を考えるさいにアイデンティティの視点が重要であること，高校時代よりオバマはアイデンティティに関心を示さなかったこと，オバマは昔ながらの公民権運動家と異なり，人種／アイデンティティ問題を正面に押し出さず，「人種間で協力すると経済成長が達成される」と選挙民を説得する戦略を採用したことが明らかにされる。

第5章では，宗教右派が1980年選挙より共和党を支持し，2000年選

挙ではブッシュを大統領に押し上げたのにもかかわらず，2008年の共和党大統領候補者指名競争では，宗教右派が全面的に支持する候補者が存在しなかったこと，そして，宗教右派の間で内部分裂も起こり，広範かつ強力な組織力は過去のものとなっていたことが明らかにされる。

　第6章では，予備選挙競争から両党の全国党大会までの流れが概観され，1996年大統領選挙でのクリントンへの投票と比較して，オバマへの投票は黒人，初投票者，18～29歳の年齢層，西部白人の間で大きく伸びたこと，そして，最新のインターネット技術の利用により選挙運動に革命的変化が起こり，それがアメリカ政治を大きく変化させたことが指摘される。

　第7章では，州単位で色分けすると「分断された」ように見えるアメリカも郡単位で色分けすると決して「分断されていない」こと，人種，所得，教育程度，年齢，信仰の5要因から2004年と2008年の選挙における州ごとの民主党候補者の得票率の違いを分析すると，ヒスパニックとクリスチャンの票が2008年選挙の結果に大きく影響した可能性があることが指摘される。

　最後に第8章の結論では，上記の多様な検討に基づいて，2008年の大統領選挙およびオバマの当選の意味と含意が考察される。

（吉野　孝）

注

1 「2つのアメリカ (Two Americas)」という用語は，2004年の民主党全国党大会で副大統領候補に選出されたノースカロライナ州選出上院議員のジョン・エドワーズ (John Edwards) が予備選挙運動中に「われわれは2つの異なるアメリカに暮らしている。1つは特権をもつ少数者のアメリカであり，……もう1つはその他すべての者のアメリカである」という文脈ではじめて使われたとされている。John Kerry and John Edwards, *Our Plan for America: Stronger at Home, Respected in the World*, New York: Public Affairs, 2004, p.279. 本書では，誤解を避けるために「分断されたアメリカ」という用語に統一する。

2 たとえば，越智道雄は，オバマ大統領の誕生を歴史的文脈，地域的文化圏，WASP文化遺産の視点から位置づけている（『誰がオバマを大統領に選んだ

のか』NTT出版，2008年12月)。また，細野豊樹は，出口調査と郡単位の集計データから今回の選挙の特徴を明らかにし，オバマが勝利した原因を考察している(「2008年アメリカ大統領・連邦議会選挙の分析」『国際問題』No. 579，2009年3月)。

引用文献

Black, Earl, and Merle Black. 2007. *Divided America: The Ferocious Power Struggle in American Politics*. New York: Simon and Schuster.

Ceaser, James W., and Andrew E. Busch. 2005. *Red Over Blue: The 2004 Elections and American Politics*. Lanham: Rowman and Littlefield.

Greenberg, Stanley B. 2004. *The Two Americas: Our Current Political Deadlock and How to Break It*. New York: Thomas Dunn Books.

Nivola, Pietro S., and David W. Brady, eds. 2006. *Red and Blue Nation?: Characteristics and Causes of America's Polarized Politics, Volume One*. Washington D.C.: Brookings Institution Press/Hoover Institution.

2008年アメリカ大統領選挙：オバマの当選は何を意味するのか／目次

プロローグ ……………………………………………………… 吉野　孝 … i

第1章　背景としての政党対立 ……………………… 吉野　孝 … 3

第1節　2大政党の政策対立の起源 ………………………………… 3
　⑴ アメリカの2大政党と政策 (3)
　⑵ リベラル・コンセンサス (4)
　⑶ 変化の兆し (5)
　⑷ 各大政党内での対立激化 (6)

第2節　共和党の政策展開：中道から保守へ …………………… 8
　⑴ 党内対立要因としての南部 (8)
　⑵ 共和党保守派とニクソン (10)
　⑶ 宗教右派とレーガン (11)
　⑷ ブッシュの保守主義 (13)

第3節　民主党の政策展開：リベラルから中道へ …………… 15
　⑴ 党内グループ構造とその流動化 (15)
　⑵ ネオリベラル派の台頭 (16)
　⑶ ニューデモクラット派の台頭 (19)
　⑷ 民主党指導者会議とクリントン (20)
　⑸ 民主党政策の流れとクリントン政権の遺産 (21)

第4節　政党対立の見方と主要候補者 ……………………………… 22
　⑴ 政党対立の見方 (22)
　⑵ 2008年の大統領選挙の主要候補者 (25)

第2章　大統領予備選挙：「オバマ現象」の分析 …… 前嶋和弘 … 29

第1節　はじめに ……………………………………………………… 29
第2節　予備選挙の流れ …………………………………………… 29
　⑴ 民主党の大激戦 (29)
　⑵ "予想外"が続いた共和党 (31)
　⑶ 「超フロント・ローディング現象」下の異変 (31)

第3節　民主党支持層の増加 ……………………………………… 33

第4節　オバマのメディア戦略とその影響……………………37
　　　(1) 公式サイト上のSNS「マイ・バラック・オバマ・ドット・コム」(37)
　　　(2) インターネットを使った小口献金 (40)
　　　(3) 電子メール (42)
　　　(4) オバマのメディア戦略のもたらした影響 (43)
　　第5節　「オバマ現象」をどうとらえるか………………………44
　　　(1)「夢や変化を求める選挙」と政治家としての"色"(45)
　　　(2) クリントン疲れ (47)
　　　(3) マケインとの共通項 (48)

第3章　本選挙と選挙運動：争点とその変化………前嶋和弘…51
　　第1節　本選挙の選挙運動……………………………………51
　　　(1) 本選挙の結果 (51)
　　　(2) オバマの選挙戦術：「空中戦」と「地上戦」での圧勝 (52)
　　第2節　世論調査から見た争点の変化………………………55
　　第3節　マスメディアが取り上げた争点の流れ………………59
　　第4節　オバマとマケインの選挙公約と個々の争点…………61
　　　(1) 経　済 (62)
　　　(2) イラク政策 (63)
　　　(3) テロ対策 (64)
　　　(4) 医療，エネルギー (65)
　　　(5) その他：環境問題 (66)

第4章　バラク・オバマの選挙戦略…ミリキタニ，ジョン・マーサ…71
　　第1節　はじめに………………………………………………71
　　第2節　オバマにとってのアイデンティティの重要性…………72
　　　(1) アフリカ系アメリカ人についての認識 (72)
　　　(2) オバマの「真のアイデンティティ」とは (74)
　　第3節　政治心理学，社会学・法律学，政治学の観点からの
　　　　　　アイデンティティとオバマの分析……………………74
　　　(1) 政治心理学 (74)
　　　(2) 社会学・法律学 (78)

(3) 選挙政治 (80)

第4節　政治と経済：人種／アイデンティティと経済の
　　　　トレードオフ ·· 85
　(1) 危機の経済学 (85)
　(2) 労働経済学 (85)
　(3) 党派的政治周期／インフレの亡霊 (87)

第5節　オバマの遺産 ·· 88
　(1) アメリカ文化と若い世代への影響 (88)
　(2) 日本への影響 (89)
　(3) オバマの評価 (90)

第5章　宗教右派の影響力 ·································· 上坂　昇···95

第1節　宗教票の動き ·· 95
　(1) 宗派・教派別の投票行動 (97)
　(2) 宗教票の中身と投票行動 (97)

第2節　大統領選挙と宗教右派 ·· 99
　(1) 両候補の牧師との決別 (99)
　(2) 宗教右派の内部分裂 (102)
　(3) 公然とした政教分離違反 (104)
　(4) 投票日直前の反オバマ・キャンペーン (106)
　(5) 宗教右派が勝利した州民投票 (108)

第3節　オバマ新政権の宗教的側面 ······························ 110
　(1) オバマ陣営の宗教票へのアプローチ (110)
　(2) 宗教左派の影響力 (111)
　(3) オバマ政権の"パッチワーク" (113)
　(4) 政教分離と「信仰にもとづくイニシアチブ」(115)

第6章　「変化(チェンジ)」は起こったのか：選挙の
　　　　アメリカ政治への教訓 ············ コレット，クリスチャン···121

第1節　はじめに ·· 121
第2節　オバマ，ヒラリー，そしてビル・クリントンの遺産 ······ 122
第3節　オバマの台頭，ヒラリーの反撃 ·························· 124

第4節　ラッサートの「オバマ勝利宣言」………………126
第5節　人種と和解 ……………………………………128
第6節　オバマ連合と（ビル・）クリントン連合 …………132
第7節　人種の地理学 …………………………………133
第8節　選挙キャンペーンのテクノロジー，資金集め，
　　　　草の根の組織 …………………………………135
第9節　2008年以降のアメリカの民主政治 ……………138
　（1）ヴァージニア，コロラド，インディアナ：
　　　民主党多数派誕生の最初のドミノ？ (138)
　（2）共和党，人種，地域主義 (140)
　（3）「YouTube 的瞬間」と「即時反応」の時代における
　　　アメリカの民主政治の神経過敏 (141)

第7章　分断か再統合か：選挙の決定要因 …………飯田　健…145
第1節　はじめに ………………………………………145
第2節　2004年・2008年の大統領選挙の結果 ………146
第3節　理論的予測 ……………………………………149
第4節　データ分析 ……………………………………151
　（1）散布図の比較 (151)
　（2）重回帰分析 (156)
第5節　おわりに ………………………………………160

第8章　結論：2008年大統領選挙と
　　　　オバマの当選の意味 ……………………吉野　孝…165
　（1）2008年の大統領選挙の意味 (165)
　（2）オバマが大統領に当選した意味 (167)
　（3）今後の研究課題 (169)

エピローグ ……………………………………………吉野　孝…173
事項索引 ………………………………………………………175
人名索引 ………………………………………………………178
執筆者紹介 ……………………………………………………181

2008年アメリカ大統領選挙：
オバマの当選は何を意味するのか

第1章　背景としての政党対立

吉野　孝

第1節　2大政党の政策対立の起源

(1) アメリカの2大政党と政策

　アメリカの2大政党と政策の関係を考えるさいに念頭におかなければならないのは，西欧の議院内閣制を採用する国とアメリカとでは，政党政策の意味が異なるという点である。西欧の議院内閣制を採用する国の政党には，一般に中央機関で決定した公式の政党政策が存在するのと対照的に，アメリカの2大政党には，明確に政党政策と定義することができるものは存在しない。それは次の理由から説明することができる。

　第1に，アメリカの2大政党には，一般に党首と呼ばれる代表者がおらず，統一的な決定を下す政党機関が存在しない。アメリカ政府が厳格な権力分離原則を採用している結果，連邦下院と連邦上院にはそれぞれ2大政党のリーダーと指導部が存在し，候補者指名を受け本選挙で当選したいずれか一方の大政党の大統領が教書の形で政策提案を連邦議会に送るのである。

　第2に，2大政党の政党綱領 (party platform) は，4年ごとの全国党大会で大統領候補者の選好にしたがって書き替えられる。政治経済状況が変化し，新しい政治争点が浮上すると，2大政党の大統領およびその候補者は，新しい解決策を提示することが求められる。両党の全国委員会のホームページによると，民主党は1792年にトマス・ジェファーソンによって結成され，1844年に名称を現在のように変更した。共和党は1854年にミシガン州ジャクソンで党大会を開催して正式に結成され，1856年に大統領候補者を指名して全国政党になった。このようにアメリカの2

大政党は長い歴史をもつので，政党政策の揺れ幅は大きくなる。

したがって，アメリカの2大政党の政策とは，各党の連邦議会の政党指導部と議員一般が共通にもつ歴史的かつ一般的な政策原則と，それらに制約されながら大統領候補者が全国党大会で提示する政党綱領または当選後に提示する具体的提案から構成されると考えるのが適切である。

(2) リベラル・コンセンサス

さて，アメリカの2大政党の現在の対立がいつから始まったのかを理解するためには，1950年代のリベラル・コンセンサスの時代にまで遡ることが必要である。なぜなら，1950年代にはニューディール政策を支持するいわゆるリベラル・コンセンサスが形成され，2大政党間に大きな政策対立が存在しなかったからである。

アメリカでは，1930年代に民主党のフランクリン・D・ルーズヴェルト (Franklin D. Roosevelt) 大統領が，経済恐慌に対処するためにニューディール政策と称される一連の政策を実施した。それらの政策の背景には，「リベラル・パブリック・フィロソフィー」と称される基本哲学があった。それは，連邦政府に権限を集中する，マイノリティ集団に対抗力を付与するという2原則からなり，具体的には，次の3領域で連邦政府が介入することを容認した。

①工業化の過剰を抑え，資本主義の失敗の埋め合わせをするために，連邦政府がマクロ経済計画をつうじて経済に介入する。
②経済管理をつうじて経済成長を達成し完全雇用を創出する。
③連邦政府の権限を用いて，それまで周辺に押しやられていた集団に多元主義を拡張し，それらの集団を国家経済に統合する (Baer 2000: 12-13)。

これらの政策を実施した結果として形成されたのが，都市労働者，黒人，南部白人，カトリック，ユダヤ系から構成されるいわゆるニューディール連合であった。

第2次世界大戦後，ニューディール政策は当然のこととしてアメリ

カに受け入れられ,「リベラル・パブリック・フィロソフィー」がアメリカを支配した。1952年に当選した共和党のドワイト・アイゼンハワー (Dwight Eisenhower) 大統領は, 民主党議会指導部と協力しながら, 政府の経済への介入, 福祉政策の維持・拡大 (社会保障の充実, 健康教育福祉省の設置) を行い, 反共外交政策を推進した。1960年に当選した民主党のジョン・F・ケネディ (John F. Kennedy) 大統領も, 共和党員を閣僚に加え, 多くの政策で超党派路線を採用したのである。

(3) 変化の兆し

ところが, 1950年代から両党間のコンセンサスを揺るがすことになる変化がアメリカ政治の中で進行していた。

まず, 公民権という新しい争点が発生した。当時, 南部を中心に約20州が人種隔離政策に根ざす別学制度を採用しており, カンザス州のオリバー・ブラウンは黒人であることを理由に娘の入学を拒否されたとして教育委員会を告訴した。1954年に, 連邦最高裁判所はブラウン事件判決 (Brown v. Board of Education) の中で, 公立学校における白人と黒人の別学を定めた州法を違憲であると判断した。翌年には, アラバマ州モンゴメリーで, 座席の差別待遇に反対するバス・ボイコット運動が黒人によって引き起こされた。このとき, マーチン・ルーサー・キング (Martin Luther King, Jr.) がこの運動を主導して, 成功に導いた。こうして公民権運動はさらに各地に拡がった。

次に, 理念重視の政治様式が台頭した。第2次世界大戦以降, 経済成長が続き, 国民の生活がある程度まで豊かになると, 一部の政治家と選挙民の関心は物質から理念へと移り始めた。1950年代中頃になると, それまでアメリカの都市政治を特徴づけてきたマシーン政治——経済利益とパトロネジを配分する伝統的政治——が批判され, 一部の都市では改革志向の若手政治家と活動家によるクラブ運動が組織化された。こうした若手政治家と活動家は, 従来型の経済利益ではなく, 平和, 平等, 人工妊娠中絶の合法化など, 理念に基づく政策の実現を政治に期待する

ようになったのである (Baer 2000: 15)。

　このような変化に対応して，大政党の内部でも，新しい政治理念を模索し，実現しようとする動きが現れた。

　民主党では，1954年に，連邦議会のリベラル派議員が，民主党全国委員長ポール・バトラー（Paul Butler）の提案で民主党諮問会議を設置した。目的は，公民権を含む多くの政策領域でより計画的なリベラル政策を開発し，民主党とアイゼンハワー政権の間に明確な境界線を引くことにあった。1959年には，連邦下院の北部選出のリベラルな若手議員を中心に，下院内に民主党研究グループ（Democratic Study Group）が結成された。目的は，民主党内の年長保守派議員と南部選出議員の影響力に対抗して，リベラルな政策を実現することにあった。

　共和党では，アイゼンハワー政権のニューディール路線に不満をもつ保守派知識人が，1955年に週刊誌『ナショナル・レビュー（National Review）』を発刊した。目的は，保守的な立場から共和党政策を見直すことにあった。これに対して，1962年には，ハーヴァード大学およびマサチューセッツ工科大学の大学院生がリポン協会（Ripon Society）を結成した。目的は，雑誌や報告書の刊行や講演の実施をつうじて，共和党がよりリベラルな政策立場をとるよう影響力を行使することにあった。

(4) 各大政党内での対立激化

　1960年代になると，各大政党の内部で理念や政策志向をめぐる対立が顕在化した。

　まず共和党では，アイゼンハワー大統領の人気の高さにより抑えられていた保守派の不満が1950年代中頃より噴出した。保守派は当初から，アイゼンハワー政権による政府の経済への介入，福祉政策の維持・拡大に不満をもち，また，東部エリート層による共和党支配に以前より憤りを覚えていた。さらに，1950年代後半には，公民権運動の拡がり，キューバにおける社会主義革命，ソ連によるスプートニク号の打ち上げ，経済不況などの要因も重なり，現状に対する保守派の不満が高まった（Brennan

1995: 20-22)。

　このような事態の中で，1950年代末より『ナショナル・レビュー』誌を中心とする保守派知識人の宣伝と保守派草の根組織の活動により，保守派のバリー・ゴールドウォーター（Barry Goldwater）——アリゾナ州選出連邦上院議員——を共和党大統領候補者に推す運動が各地に拡がった。1960年の大統領選挙で，穏健派が支持した共和党候補者のリチャード・M・ニクソン（Richard M. Nixon）——アイゼンハワー政権時の副大統領——が敗れると，1952年選挙より共和党本部が実施していた南部梃子入れ運動（デキシー作戦）および南部・中西部諸州の州政党機構の主導権を保守派が握り，1964年の全国党大会で，ゴールドウォーターを共和党大統領候補者に指名することに成功した（Lowndes 2008: 47, 60-62）。

　次に民主党では，1963年11月にケネディが暗殺されたため副大統領から大統領に昇格したリンドン・B・ジョンソン（Lyndon B. Johnson）は，ケネディ路線を継承する一方で，貧困撲滅，社会保障の拡充，学校教育への連邦政府の援助など具体的な政策を打ち出した。1964年の大統領選挙で当選すると，ジョンソン大統領は，教育，福祉，人種差別の廃止，都市開発など大きな政府を念頭においた「偉大な社会」計画を提唱した。また，外交政策領域では，彼はヴェトナム戦争の早期解決を図るために北ヴェトナムに対する空爆を開始し，陸軍の投入を命令した。しかし，ヴェトナム戦争は長期化し，経済のインフレーションが加速化され，軍事支出が膨張し，反戦運動が激化した。

　1968年になると，公民権運動，反戦平和運動，女性解放運動の批判は，民主党に向けられた。これらの勢力は，新しいライフスタイルと価値を受け入れ，経済成長の価値を疑問視し，共産主義に対するアメリカ合衆国のコミットメントに反対し，「機会の平等より結果の平等」という原則を信じて，ニューディール・リベラリズムの基本的教義に異議を申し立てた（Baer 2000:19）。激しい抗議運動の中で，ジョンソン大統領は1968年4月に，大統領選挙への不出馬を表明し，1972年には，これらの勢力の支持をまとめて反戦候補者のジョージ・マクガヴァン（George

McGovern)──サウスダコタ州選出連邦上院議員──が,民主党大統領候補者の指名を獲得したのであった。

　要するに,アメリカにおいては1950年代にリベラル・コンセンサスが形成され,2大政党間には大きな政策差異は存在しなかった。しかし,公民権という争点と理念重視の政治スタイルが台頭し,各大政党の内部で,政党政策を理念から再定義しようという動きが起こった。共和党では1964年の大統領候補者指名をめぐり政策理念の対立が激化し,民主党では,1968年の大統領候補者指名をめぐって生じた混乱が,1972年の大統領候補者指名まで続いた。これらの混乱や大統領選挙での敗北を経て,各大政党の内部でどのような政党理念を採用するかをめぐり勢力間で競争が繰り広げられ,その過程で現在知られているような政党対立が形成されることになったのである。

第2節　共和党の政策展開：中道から保守へ

(1) 党内対立要因としての南部

　共和党において1950年代末から1960年代中頃にかけて保守派の活動が活発化し,大きな発言力を獲得した背後では,2つの要因が作用していた。

　第1に,共和党には1910年代以降,穏健派と保守派の間で反目が続いていた。とくにニューディール以降,北東部に基盤をもち,ウォールストリートの金融街と関係が深い穏健派は,連邦公職選挙をその支配下におき,大半の共和党大統領候補者とともに,国際主義と福祉国家を支持した。これに対して,中西部と西部に基盤をもち,中小企業に関わりの深い保守派は,孤立主義を支持し,ニューディール政策のすべてに反対した (Lowndes 2008: 48)。そして,両勢力の潜在的な対立を顕在化させたのが,すでにみたように,アイゼンハワー政権によるニューディール政策の継承であった。

　第2に,穏健派と保守派の対立をさらに決定づけたのは,南部におけ

る選挙戦略の対立であった。1952年より共和党全国本部が推進した南部梃子入れ運動の特徴は，共和党を穏健な政党，南部民主党を「時代に取り残された過激な人種差別の政党」と位置づけ，穏健派候補者を立てることにあった。工業化が進む南部都市で台頭しつつある中産階級——経済保守を志向し，民主党と繋がりをもたない——を基盤に新しい組織づくりをめざした。

しかし，この戦略は期待されたほどの効果をあげなかった。また，1957年にアイゼンハワー大統領がアーカンソー州リトルロックで発生した人種紛争を処理するために軍隊を送り，人種差別に反対する姿勢を明確にすると，逆に共和党への支持は低下した。その結果，共和党の政治家と活動家は，「1960年の大統領選挙において公民権に反対することによって南部の支持を求めるのか，それとも北部の都市でリベラルおよび黒人の票を求めて民主党と競争するのか」という選択に直面することになったのである (Lowndes 2008: 47-48)。

これを契機に，それまで『ナショナル・レビュー』誌をつうじて，もっぱら経済領域への国家介入を批判し，連邦権力に対する州権限の強化を主張していた保守派知識人は，保守運動と公民権反対を結びつける論陣を張った。これと連動して，南部梃子入れ運動の組織者は，人種問題が目立つのを避けながらも，人種差別政策を支持する多数の候補者をリクルートした。こうした動きの中で，1959年には保守派の活動家がゴールドウォーターを担ぎ出し，1961年には，『ナショナル・レビュー』誌発行人ウィリアム・ラシャー (William Rusher)，オハイオ州共和党全国委員長ジョン・アシュブルック (John Ashbrook)，共和党組織者F・クリフトン・ホワイト (F. Clifton White) らが，ゴールドウォーターを大統領候補者に指名するために共和党の主導権を穏健派の手から奪い取った (Lowndes 2008: 54, 56, 62)。

実際に1964年の政党綱領では，「個人には自由があり，政府が個人の自由を擁護することを確認する」，「浪費政治の弊害から個人を守り，過度の支出に由来する高額の税金から個人を守るために責任をもって政

府財政を管理する」,「1964年の公民権法を完全実施する」ことなどが明記された。また, 連邦最高裁判所が1962年のエンジェル対ヴァイテル事件判決 (Engel v. Vitale) で, ニューヨーク州の教育委員会が祈祷文をつくり公立学校の生徒に唱えさせたことを違憲と判断した (Reichley 2002: 143-144) ことへの対応として,「個人と集団が自由意志で公共の場所で宗教を行うことを認める合衆国憲法修正を支持する」ことが初めて盛り込まれた。

(2) 共和党保守派とニクソン

保守派が支持した大統領候補者ゴールドウォーターが1964年の大統領選挙で敗北しても, 保守派の勢いが失われることはなかった。1964の大統領選挙が終わるや否や, ニクソンは1968年の大統領候補者指名をめざして運動を開始した。彼は, 最有力とみなされていたのにもかかわらず, 保守派の支持がないと候補者指名を獲得することはできないと認識し, 保守派知識人と会い, 講演では, ヴェトナム問題に対して強硬な姿勢で臨むこと, 1966年の中間選挙では保守派候補を支援することなどを約束した。また, 彼は保守派のパトリック・ブキャナン (Patrick Buchanan) をスピーチライターに雇い, 演説を南部保守派に受け入れられるものにする努力をした (Brennan 1995: 122, 127, 128)。

1968年の共和党全国大会の2日前に, ニクソンは南部の共和党全国委員たちと協議した。全国委員たちが最高裁判所の判事任命, 強制バス通学, 法と秩序, 共産主義などの選挙公約について質問すると, 彼は保守主義と人種差別をある程度まで受け入れることを表明した。翌日, かつての民主党南部派の重鎮であり, 1964年に共和党に鞍替えしたノースカロライナ州選出上院議員ストーム・サーモンド (Storm Thurmond) がニクソンのもとを訪れ, 彼を支持することを伝えた (Brennan 1995: 111-112)。こうしてニクソンは, 南部代議員票をとりまとめて, 大統領候補者の指名を確実にした。政党綱領には,「ヴェトナム戦争の脱アメリカ化を推進する」,「力と威嚇により他国の安全を危うくする中国を承認しない」,

「法と秩序を維持する」ことなどが盛り込まれた。

1968年の選挙で当選した後，ニクソン大統領は，連邦裁判所判事に南部出身の保守的な裁判官を任命した。1971年に連邦最高裁判所が学区を越えて学童をバス通学させることは制度的人種差別を除去する方法として合憲であると判決した数カ月後，ニクソン大統領は連邦最高裁判所の決定と強制バス通学一般に反対し，1972年5月に全国向けのテレビ演説で，強制バス通学を1973年7月まで停止することを明らかにした（Lowndes 2008: 126-127, 137）。さらに，ニクソン大統領は1972年の大統領選挙運動では，強制バス通学反対に加えて，連邦最高裁判所への保守的判事の任命，教会学校への連邦政府補助を公約したものの，これらは1972年の政党綱領には書き込まれなかった。

これら人種差別感情に訴えて南部の白人票を共和党に引きつけようという戦略は，これまでニクソンの「南部戦略 (southern strategy)」として言及されることが多かった。しかし，この戦略はすでに1950年代末には採用され始めており，ニクソンは，1968年に支持と引き替えに保守派に対して行った約束を大統領として履行したに過ぎなかったのである。

(3) 宗教右派とレーガン

南部戦略の次に，共和党をさらに保守化させ，共和党政策の内容に大きな影響力を及ぼしたのは，宗教右派の政治化であった。

アメリカにおいては，これまでも宗教と公教育の関係がしばしば裁判問題に発展したものの，判決が教会や宗教勢力に大きな動揺を与えることは少なかった。しかし，1973年の場合は違っていた。連邦最高裁判所がロウ対ウェイド事件判決 (Roe v. Wade) の中で，女性のプライバシーの権利を根拠に人工妊娠中絶を禁止する州法を無効とすると，とくに南部に居住する宗教右派——聖書の言葉を信じ生活の基本にしている福音派，その過激派ともいえる原理主義者を中心に伝統的な価値を擁護する勢力（上坂 2008: 26）——が危機感をもち，積極的に政治に目を向けるようになったのである。

当初，宗教右派はまとまりを欠いていた。1976年の大統領選挙で，まず多くの宗教右派が支持したのは，南部バプティストの福音派信者である民主党の大統領候補者カーター（Jimmy Carter）であった。宗教右派の中で大きな影響力をもっていたテレビ伝道師のジェリー・ファルウェル（Jerry Falwell），パット・ロバートソン（Pat Robertson）も，カーター支持を表明した。しかし同時に，一部の保守派の活動家は，見解が原理主義原則と一致するという理由で，共和党のロナルド・レーガン（Ronald Reagan）の背後に宗教原理主義者を組織化しようとした。原理主義者の支持がノースカロライナ州予備選挙におけるレーガンの勝利に貢献したものの，共和党全国党大会の指名投票でレーガンが敗れると，彼を支持した原理主義者の大半はカーター支持に変わるか棄権をした（Reichley 2002: 295-296）。
　しかし，カーター大統領は宗教右派の期待に応えようとはしなかった。彼は福音派が求めた学校での祈祷の復活や人工妊娠中絶の禁止に向けて積極的な行動をとらず，選挙前の約束に反して，福音派を連邦政府の重要ポストに任命しなかった。1978年には，彼は教会運営学校に適用する免税基準を厳格化しようとした。その結果，宗教右派のカーター大統領に対する期待と支持は低下していった（Lindsay 2007: 16-18）。
　このように宗教右派の試行錯誤が続く中で，ニューライトの活動家——保守系シンクタンク・ヘリテージ財団の初代代表であるポール・M・ワイリック（Paul M. Weyrick），資金調達やダイレクトメールの専門家のリチャード・ヴィゲリー（Richard Viguerie），草の根活動家の全国組織，保守コーカスを創設したハワード・フィリップス（Howard Phillips）——が，宗教右派の組織化を試みた。彼らは，「オールドライト」が関心をもたなかった社会争点（強制バス通学，人工妊娠中絶，ポルノグラフィ，教育，道徳的価値など）を前面に押し出し，それまで原理主義者の間で大きな争点になっていなかった人工妊娠中絶反対を統一の大義として，政治的ニューライト，プロテスタント原理主義者，カトリックの人工妊娠中絶反対派をまとめ，1978年の中間選挙である程度の成功を収めた。そして，

ワイリックの要請に基づき，ファルウェルが1979年6月にモラル・マジョリティ（Moral Majority）を結成したのである（Lindsay 2007: 296-297）。

　1980年の共和党の候補者指名において，最初，宗教右派の支持は複数の候補者間で割れていた。しかし，宗教右派が推す候補者が相次いで競争から敗退すると，宗教右派の指導者は先を競ってロナルド・レーガン支持を表明した。そして，テレビ伝道師のファルウェルも，モラル・マジョリティはレーガンのために票を動員することを約束した（Lindsay 2007:299）。「オールドライト」を自認し，積極的に宗教右派の支持をとりまとめようとはしなかったものの，一旦支持を受けると，共和党候補者となったレーガンはその要求を政党綱領に反映させた。1980年の政党綱領には，連邦政府支出の制限，均衡財政の実現，所得税減税，国防予算の増額，反共政策，教育の民営化，黒人・女性の起業支援，公民権法の厳正な適用などの従来型および中道派項目に，「家族の伝統的役割と価値を重視する」，「人工妊娠中絶を禁止する合衆国憲法修正を促進する」，「人工妊娠中絶に反対する連邦裁判所判事を任命する」ことが追加された。

(4) ブッシュの保守主義

　2000年の大統領候補者指名にさいしてテキサス州知事のジョージ・W・ブッシュ（George W. Bush）は，共和党の予備選挙で大勝して共和党の大統領候補者の指名を獲得した。彼は「信仰の厚い福音派信者」であることを公言し，政党綱領には，現行所得税区分の簡素化および最高税率の引き下げ，軍事力の強化，スクールヴァウチャー制度の推進，医療福祉領域における民間組織の活用，女性健康医療の研究開発と充実，移民制度の見直しなどの従来型および中道派項目に加えて，「同性結婚に反対する」，「連邦憲法第14修正をまだ生まれぬ子にも適用することを支持する」[1]，「軍隊内部での同性恋愛を禁止する」ことが盛り込まれた。

　ブッシュ大統領の保守主義の性格をもっともよく示しているのが，彼が選挙運動中に提示した「思いやりのある保守主義（compassionate conservatism)」という理念であろう。これは一言でいうと,「連邦政府の役割を小さくし, 個人責任と個人義務の領域を拡大し, 必要なサービスを民間および慈善活動によって提供する」という考え方である。これが適用されたのが, 宗教保守派の提案で2000年の政党綱領に盛り込まれた「信仰に基づく組織 (faith-based organization)」であり, 現にブッシュ政権はこの種の多くの組織に連邦資金を支出していたのである (Edsall 2006: 81-84)。

したがって,「思いやりのある保守主義」は, 選挙運動レトリック以上のものであった。ブッシュ大統領は, 個人責任, 自由企業, 政府支出に対する抵抗という伝統的な保守的原則を, アメリカ社会では政府が重要な役割を演じているという現実と結びつけようとした。彼は「信仰に基づく組織と地方コミュニティグループを含む非営利セクターに連邦資金を支出し, それらに社会サービス, 医療, 教育プログラムを提供させることにより, リベラル福祉国家の構成を変更しようと試みた」(Critchlow 2007: 257) のである。

なお, ブッシュ大統領の選挙戦略を考える上で重要なのは, かつての共和党の南部戦略が新しい形で復活したという点であろう。1994年にテキサス州知事選でブッシュが民主党女性現職アン・リチャーズ (Ann Richards) を破って初当選したとき以来, ブッシュの選挙参謀をつとめてきたカール・ローヴ (Karl Rove) は, 2000年の大統領選挙において, かつての共和党の南部戦略を非効果的とみなし, 合意形成戦略を採用した。しかし, 一般投票でブッシュがアル・ゴア (Al Gore) に敗れると, ローヴは戦略を転換した。彼は宗教保守のネットワークを活用すると同時に, くさび争点 (wedge issue) と対立戦術を用いて, 宗教保守層を直接的に動員したのである。

「ローヴとその他の共和党戦略家の中心的な成果は, 争点を融合させ, それらの間で連想関係を形成し, それらを結びつけて, より大きくまとまった保守的ヴィジョンを組み立てるための関係を提供する。この見方からすると, たとえば, 税金は, 公的資源を移転して

家族の崩壊を促すような福祉や大社会計画に支出される。アフリカ系アメリカ人，移民，その子供たちはそのような政府政策によって深く影響を受けるものの，共和党の視点からすると，家族も無傷ではいられない。ゆるい法律の強制，政府の許容の広さ，無過失離婚，性教育，ポルノグラフィは組み合わさって壊れやすい家族，父親の不在，非嫡出子を促進し，それらが次に犯罪，麻薬濫用，都市の混乱を生み出す。」(Edsall 2006: 53-54)

　共和党の保守化の起源は，1964年のゴールドウォーターの大統領候補者指名にあると指摘されることが多い。しかし，組織理念とレトリックは同一ではなかった。組織理念は，伝統的保守（ゴールドウォーター）から，法と秩序（ニクソン），伝統的価値（レーガン），そして，「思いやりのある保守主義」（ブッシュ）へと変わった。また，1960年代から1970年代初頭にかけて用いられた人種差別感情に訴えるレトリックは，2000年代に復活したのである。

第3節　民主党の政策展開：リベラルから中道へ

(1) 党内グループ構造とその流動化

　民主党は，共和党以上に多くの議員グループから構成され，1950年代には次のような4グループが存在した。

①レギュラー派：反共，連邦政府活動の拡大，人種差別の部分的許容を主張し，北東部都市，中西部，ブルーカラー，カトリックから支持される。代表的リーダーは，ハリー・S・トルーマン (Harry S. Truman, ミズーリ州選出連邦上院議員，副大統領，大統領)。

②リベラル派：反共，連邦政府活動の拡大，公民権を支持し，北東部都市，中西部，西部，知識人，専門職，黒人，ユダヤ系から支持される。代表的リーダーは，アドライ・E・スティーヴンソン (Adlai E. Stevenson, イリノイ州知事)，ヒューバート・H・ハンフリー (Hubert H. Humphrey, ミネソタ州選出連邦上院議員)。

③ラディカル派：冷戦反対，社民政策，公民権を支持し，北東部都市，平原諸州，知識人，農村ポピュリストから支持される。代表的リーダーは，ヘンリー・A・ウォーレス (Henry A. Wallace，ルーズヴェルト政権の農務長官・副大統領，トルーマン政権の商務長官)。

④ 南部派：反共，連邦政府活動の制限，人種差別支持を主張し，南部白人，プロテスタントから支持される。代表的リーダーは，リチャード・ラッセル (Richard Russell，ジョージア州知事，同州選出連邦上院議員)，ストーム・サーモンド。

1950年代をつうじて民主党内では，国内での連邦政府の経済介入政策と海外での共産主義の封じ込め政策で連合したレギュラー派とリベラル派が大きな発言力をもっていた。1960年代中頃になると，公民権運動とヴェトナム反戦運動が激しさを増し，とくにヴェトナム反戦運動が激化した結果，かつてマッカーシズムにより党内から追放されていたラディカル派が，ニューレフト勢力として復活した。ここに黒人とヒスパニックの勢力，ヴェトナム戦争に反対するリベラル派が加わり，いわゆるニューレフト＝マイノリティ派が形成されることになった (Rae 1998: 45, 56)。

(2) ネオリベラル派の台頭

1968年にジョンソン政権と民主党をもっとも強く批判したのは，ニューレフト＝マイノリティ派であった。激しい抗議運動の中で開催された全国党大会では，レギュラー派とリベラル派により，ジョンソン政権の副大統領ハンフリーが民主党候補者に指名された。しかし，ハンフリーが本選挙で敗れると，ニューレフト＝マイノリティ派が同党の大統領候補者指名手続き改革の主導権を握った。1972年には，改革を主導したマクガヴァンが民主党大統領候補者の指名を獲得した。同党大会では，東南アジアからの米軍の即時全面撤退，良心的徴兵忌避者への恩赦の実施，現金支援を含む所得保障制度の採用，表現の自由とプライバシーの完全保障，合衆国憲法における平等権修正の批准努力，連邦政府の各

部門の責任あるポストへの女性の登用など、アメリカ史上でもっともリベラルと称される政党綱領が採択された。

さて、1972年の大統領選挙でマクガヴァンが大敗すると、ニューレフト＝マイノリティ派は分裂し、マクガヴァンの選挙運動委員長をつとめたコロラド州選出連邦上院議員のゲリー・ハート（Gary Hart）のグループを中心にネオリベラル派（Neoliberal）が形成された。このグループのメンバーの多くは、ウォーターゲート事件が発覚した1974年の連邦議会議員選挙で当選した「ウォーターゲート・ベイビー」または「1974年組」と称される新世代の政治家であった。彼らは、自分たちをネオリベラルと呼び、プラグマティズムの政治を実践した。彼らは1960年代の社会変化を吸収し、人種統合、女性が人工妊娠中絶を選択する権利、アファーマティヴ・アクションを支持した。党内では彼らは、社会的・文化的リベラリズム、ハト派外交を支持する点で、リベラル派とレギュラー派から区別され、自由貿易と財政的保守主義を支持する点で、リベラル派とニューレフト＝マイノリティ派から区別された。

その代表的な顔ぶれは、連邦議会議員では、ハート、ジェイムズ・J・ブランチャード（ミシガン州選出連邦下院議員）、クリストファー・J・ドッド（コネチカット州選出連邦下院議員）、ジェームス・J・フローリオ（ニュージャージー州選出連邦下院議員）、ポール・S・ソンガス（マサチューセッツ州選出連邦下院議員）らであり、州知事では、エドモンド・G・ブラウン（カリフォルニア州）、マイケル・S・デュカキス（マサチューセッツ州）、リチャード・E・ラム（コロラド州）らであった（吉野 2003: 36-37）。

ところで、大統領候補者指名競争に最初に参入したネオリベラル派の政治家は、ジョージア州知事のジミー・カーターであった。彼は人種差別廃止後の南部政治家であり、経済的保守、ビジネス支持、国際主義という点でネオリベラルの原型であった。彼は福祉政策の再編成、税制の総点検、均衡予算の実現、選挙制度の改革などを訴えて民主党の大統領候補者に指名され、本選挙でも当選した。大統領就任後、連邦議会の支持を動員することができず、意図した法案の多くを連邦議会で可決させ

ることができなかったものの,彼は大統領命令をつうじて航空・通信・銀行の規制緩和を実行したのである (吉野 2003: 37)。

　1980年に再選をめざしたカーター大統領が本選挙で敗れると,民主党内のネオリベラル派議員が大統領候補者指名競争に参入した。1984年には,カーター政権の副大統領であったリベラル派のウォーター・F・モンデール (Water F. Mondale), ネオリベラル派のハート, ニューレフト＝マイノリティ派のジェシー・ジャクソン (Jesse Jackson) が名乗りをあげた。国内経済政策に関して, モンデールは「貧困層, 障害をもつ者, 平均的労働者に不公平である」という理由でレーガン政権の国内支出の削減を批判し, ハートは「連邦産業政策」をつうじて政府, 企業, 労働者が協調してハイテク産業の育成に着手すべきことを主張した。軍事外交政策に関して, モンデールは北大西洋条約機構 (NATO) への追加支出と通常兵器の支出増額を主張し, ハートはヨーロッパにおけるアメリカのプレゼンスを小さくし, ペルシャ湾および中央アメリカで軍事力を使うことに反対した (吉野 2003: 37-38)。しかし, ハートは民主党の大統領候補者の指名を獲得することはできなかった。

　1984年の本選挙で大統領候補のモンデールが敗北すると, 党内のリベラル派とレギュラー派の発言力は急速に弱まった。1988年には, ネオリベラル派のハートとデュカキス (Michael S. Dukakis), ニューレフト＝マイノリティ派のジャクソン, リベラルに近い立場からポール・サイモン (Paul Simon, イリノイ州選出連邦上院議員) が名乗りをあげた。結局, デュカキスとジャクソンの一騎打ちとなり, マサチューセッツ州知事時代の実績――州経済の建て直し, 福祉受給者を対象とした雇用プログラムの実施――を強調したデュカキスが, ネオリベラル派として初めて民主党の大統領候補者の指名を獲得した (吉野 2003: 38)。政党綱領では, 教育への連邦補助の増額, 非合法ドラッグの国際供給および国内需要の停止, 合衆国憲法への平等権修正の採用, 再生産選択の基本権 (女性が生む生まないを決める権利) の保障, 包括的健康保険制度の採用などの従来型項目に, 経済成長とすべての者とすべての地域での生活水準の向上

が付け加えられた。しかし，本選挙では，共和党の大統領候補者のブッシュに敗れてしまったのである。

(3) ニューデモクラット派の台頭

　こうした事態に直面して，さらに民主党政策を中道に向けようとしたのが，ニューデモクラット (New Democrat) と称される民主党内の別のグループであった。このグループの起源は，連邦下院民主党議員総会のもとに1980年に設置された「政党効果に関する委員会」の改革派委員にあった。民主党の改革よりも再生に関心をもっていた同総会の委員長ギリス・ロング (Gillis Long) と事務局長アル・フロム (Al From) は，民主党の原則を見直す目的で，1983年に連邦議会から独立した全国下院民主党コーカスを設置し，さらに改革派メンバーを集めて1985年に民主党指導者会議 (Democratic Leadership Council) を結成した。

　この会議には，ネオリベラル派，ネオコンサーヴァティヴ派，南部派など，当時の民主党政策に批判的な勢力が結集し，各派は，「マイノリティ，ニューポリティックス争点活動家，労働組合がもはや民主党の全国連合の中心であってはならない」という認識で一致していた (Baer 2000: 30-33, 67)。ネオリベラル派ともっとも異なっていたのは，同会議の主要メンバーは南部選出の政治家から構成されていた点である。すなわち，南部選出主要メンバーに含まれるのは，サム・ナン（ジョージア州選出連邦上院議員），クリス・ロートン（フロリダ州選出連邦上院議員），チャールズ・S・ロブ（ヴァージニア州選出連邦上院議員），アル・ゴア（テネシー州連邦上院議員），ダグラス・L・ワイルダー（ヴァージニア州知事）らであり，ビル・クリントン (Bill Clinton, アーカンソー州知事) も同会議の創設メンバーであった (Ceaser and Busch 1993: 73)。

　同会議は，1988年にスーパーチューズデーの実施——南部諸州の予備選挙を特定時期に集中させる——など大統領候補者指名手続きの変更をつうじて，政策提案を実現する道を選んだ。しかし，当初，民主党内では同会議の存在は重視されず，その政策提案も考慮されなかった。そ

こで，同年の大統領選挙で民主党候補デュカキスが敗北すると，同会議は戦略転換を図った。

(4) 民主党指導者会議とクリントン

　民主党指導者会議は，まず民主党理念の変更を提案した。1989年の政策論文によると，民主党の最大の問題は，1960年代末より厳格なリベラル原理主義によって支配され，同党を国民が「平均的家族の利益と矛盾する課税・支出政策」や「自立よりも従属を促す福祉政策」と同一視していることにあった。この政策は，アメリカの中産階級選挙民の政治志向——企業志向で，社会的上昇を望み，アファーマティヴ・アクションを批判し，政府規模の縮小を支持する——とグローバル・マーケット原則から逸脱している。したがって，民主党はリベラル原理主義と決別することが必要であり，マイノリティを甘やかせ，中産階級の秩序意識に反する社会行動を許容するのを止めなければならない (Faux 1996: 84)。

　同会議は，次に政策刷新を実現するためにそのメンバーを大統領候補者に立てるという積極策を採用し，1991年から同会議委員長をつとめていたビル・クリントンに，1992年の民主党の大統領候補者指名競争に出馬することを要請した。現実はクリントンに有利に作用した。前年の対イラク攻撃によりブッシュ大統領の支持率は高く，予想された有力候補者は早々と不出馬を表明した。名乗りを挙げたのは，ソンガス (Paul S. Tsongas)，ブラウン (ネオリベラル派)，クリントン，ワイルダー (ニューデモクラット派)，トム・ハーキン(労働組合派リベラル)，ジョン・ケリー (John Kerry，反戦派リベラル) の6名であった。予備選挙が始まると，候補者は相次いで離脱した。その結果，徴兵忌避問題，パーソナリティー問題，女性スキャンダルで批判されたのにもかかわらず，減税分を財源とする2,200億ドルの新しい国内歳出を提案し，黒人ラップミュージシャンの「なぜ白人を殺さないのか」発言を批判したクリントンが，民主党政治家や代議員の支持を集めて大統領候補者の指名を獲得したのである。

　大統領候補者の指名を獲得すると，クリントンは民主党勢力の取りま

とめに着手した。政党綱領の作成では，民主党指導者会議および1989年に設立された革新政策研究所が大きな役割を演じた。最終的な政党綱領には，人工妊娠中絶を選択する女性の権利の擁護，同性愛者への公民権の付与，高額所得者への課税などのリベラルおよび伝統的な項目に加えて，経済成長の必要性，法と秩序の支持，必要な場合の海外での軍事力の利用の許容，2年後からの福祉給付の削減，州が死刑法規を制定する権限の承認などの中道もしくは保守よりの項目が追加されたのであった（吉野 2003: 41-42）。

(5) 民主党政策の流れとクリントン政権の遺産

全体としてみると，民主党政策の流れは，次のように特徴づけられるであろう。

1960年代中頃より，民主党はニューレフト＝マイノリティ派に支配され，1972年の政党綱領は，きわめてリベラルな政策理念によって書き替えられた。しかし，1968年と1972年の大統領選挙における民主党の敗北とリベラリズムの「過剰」に直面して，ネオリベラル派に代表される新世代の政治家が，財政保守主義の原則を政党理念に取り込み，民主党政策を少し中道に寄せた。さらに，1980年，1984年，1988年の大統領選挙における民主党の敗北に直面して，多数の南部選出政治家から構成されるニューデモクラット派が，ネオリベラル派が行った以上に，政党理念からリベラル色を薄めようと努力した。言い換えると，民主党の政策理念は，最初は新世代の政治家の現実主義的政策選好によって部分的に変更され，次に，共和党の場合と同様に，やはり南部選出政治家の政策選好よって大きく変更されたと結論することができる。

そして，クリントン政権は，民主党に大きな2つの遺産を残した。

第1は，民主党指導者会議とそれが考案した「ニューデモクラティック・パブリック・フィロソフィー」である。すでにみたように，民主党指導者会議はアメリカの保守化傾向に対応して民主党政策を変更し，そのメンバーを大統領に就任させることによって，その政策の実現を図っ

た。しかし，同会議は民主党政治家の1グループに過ぎない。現に，民主党の基盤には，この保守的政策理念に反対する環境保護，公民権，労働組合などを支持するグループが存在している (Baer 2000: 263)。将来の民主党の大統領またはその候補者により，保守的政策理念が採用される保障はないのである。

第2は，新しい選挙民連合の形成である。すでに1960年代中頃よりニューディール連合は崩れ始めたものの，党内ではなお労働組合やリベラル勢力が強く，クリントン大統領は中道政策を実行に移すさいにそれらから大きな抵抗を受けた。そこで，彼は自分の政策を象徴し，その影響力基盤を形成するために，女性と高齢者向けの政策を重視した。とくに女性は主要な選挙ターゲットであり，クリントン大統領は家族および医療休暇法 (Family and Medical Leave Act)，最低賃金引き上げ，家族休暇制度の拡大，学校への制服の導入，テレビ受像器へのVチップ内蔵の義務づけなどの政策を強調して，自分を「家族のニーズを満たす政府の使い方を知っている大統領」と描き，女性を支持層に取り込もうとしたのであった (吉野 2003: 54-55, 56-57)。

第4節　政党対立の見方と主要候補者

(1) 政党対立の見方

これまで論じてきた2大政党の政策展開には，2つの注目すべき特徴がある。

第1に，2大政党の政策展開は，両党ともに南部選挙民の支持を獲得する戦略と緊密に結びついていた。共和党は1950年代末より南部において人種差別を支持する候補者を立て，1972年よりニクソン大統領は，人種差別感情に訴えて白人を民主党から離反させる「南部戦略」を実施して，南部における共和党の勢力拡大を図った。民主党は，大統領選挙における民主党候補者の勝利を実現するため，1970年代中頃から中道政策を志向し，とくに1988年以降は南部選挙民の支持を獲得する目的で，

政党理念からリベラル色を払拭することにつとめた。

　第2に，宗教勢力の政治化は，アメリカでは決して不思議なことではない。連邦最高裁判所の判決をきっかけに宗教右派が政治化して，要求の実現を求めて大統領選挙運動に参入した。同時に，人工妊娠中絶や同性結婚などの問題をめぐり，宗教右派は多数の女性団体や同性結婚を支持する団体と激しい議論を展開した。歴史的に宗教がさまざまな形で政治に関わり，政策や判決をめぐり団体が日常的に競争するアメリカにおいては，政策要求のために宗教右派が2大政党に接近するのは当然のこととみなされよう。

　このように考えると，現在の2大政党の対立は南部の政治的影響力の増大という社会変化，アメリカに特有の集団競争の動態を反映しているのにもかかわらず，なぜ2000年の大統領選挙以降に「分断されたアメリカ」という表現が使われるようになったのか，という疑問が浮かび上がる。そこで，「分断されたアメリカ」論を詳細に検討すると，その主張には3つの異なる主要な見方が存在することがわかる。

　第1は，ブッシュ大統領が開始したイラク戦争が「アメリカを分断した」とする見方である。これまでブッシュ大統領による宗教的価値や宗教重視政策が対立を生みだしたとする説があったものの，それ以上に大きな政党対立に発展したとみなされるのが，イラク戦争問題であった。たとえば，グレイ・C・ジェイコブソンによると，2大政党の対立が激化したのはイラク戦争勃発後であり，2004年の大統領候補者討論でブッシュと民主党候補者ジョン・ケリーがイラク戦争の目的と現状をめぐり激しく論争をした後，同戦争の評価が民主党支持者と共和党支持者の間で大きく割れた（Jacobson 2007: 131-138, 160, 162）。ジョン・ケネス・ホワイトによると，ブッシュ大統領は「テロリズムに対する戦争」をさらに「伝統的価値を擁護するキャンペーン」のために利用して，国内での支持を高めたのである（White 2003: 204-205）。

　第2は，選挙運動のレトリックが対立を深刻化させたとする見方である。選挙運動には，プラス効果を宣伝する方法とマイナス効果を宣伝す

る方法があり，後者は「対立をあおる」という意味で負のイメージをもつ。これまで，人種差別感情に訴えて白人を民主党から離反させるメッセージ，連邦政府支出がアメリカ社会を堕落させ保守的価値を否定するというメッセージをもっとも効果的に利用して「対立をあおった」のが，共和党であった。したがって，民主党がこれら共和党のレトリックを「アメリカを分断しようとするもの」と批判したとしてももっともである。

第3は，2大政党の政治家と支持者・活動家の間での政策理念の対立が大きく，それらが現実に対決型政治を生みだしたとする見方である。モーリス・P・フィオリーナらによると，人工妊娠中絶を除き，学校での祈祷，女性の権利，同性愛者の権利などの争点に関して，選挙民一般の態度は収斂する傾向があり，政党支持者——政党や候補者に献金し，集会や大会に参加する者——の態度は乖離する傾向があった (Fiorina and Levendusky 2006: 69-71)。実際，1990年代より，政府の役割，人工妊娠中絶，同性愛，公立学校と宗教の関係などの問題をめぐって2大政党はことごとく対立し，とくにクリントン政権の最初の2年間およびブッシュ政権の最初の6年間の「統一政府 (unified government)」の時期には，民主党であれ共和党であれ，一方の政党所属議員の支持だけで法案が相次いで成立し，両党のコンセンサスの領域がますます狭まった。ウィリアム・A・ガルストンらによると，これらの妥協のない政党政策の決定と実施が「2党による分断」を意味し，これは「統一政府」の産物に他ならないのである (Galston and Nivola 2006: 26-27)。

したがって，今後のアメリカが「分断された」状態にとどまるのか，それとも「統合」に向かうのかは，以下の要因によって決まることになろう。

　①2008年の大統領候補者指名競争と大統領選挙が，どのような争点をめぐって戦われるのか。
　②2008年の大統領選挙では，どのような選挙レトリックが使われるのか。
　③2008年の大統領選挙の当選者が，どのような選挙連合を形成する

のか。
④2008年の連邦選挙が「統一政府」をつくりだすのか否か。

(2) 2008年の大統領選挙の主要候補者

　このような点から2008年の大統領候補者指名競争に目を向けると，2大政党間で状況がかなり異なっていた。

　共和党にとって，状況は不利であった。イラク戦争処理および政権運営におけるブッシュ大統領の評価はきわめて低く，共和党と宗教右派の密接な関係も批判された。したがって，どのような新しい政党イメージをつくり，どのようにして保守派中心の政党連合に中道派を取り込むのかが，共和党候補者の大きな課題であった。

　大統領候補者の指名を求めて競争に参加したのは，元ニューヨーク市長のルドルフ・ジュリアーニ (Rudolph Giuliani)，アリゾナ州選出連邦上院議員のジョン・マケイン (John McCain)，前マサチューセッツ州知事のミット・ロムニー (Mitt Romney)，前アーカンソー州知事のマイク・ハッカビー (Mike Huckabee)，テネシー州選出元連邦上院議員のフレッド・トンプソン (Fred Thompson) であった。ジュリアーニはテロ対策で高い評価をえていたものの，リベラル色と3回の結婚歴が弱点とされた。マケインはヴェトナム戦争の英雄であり，イラク戦争ではブッシュ政権を支持したものの，保守派の受けは必ずしもよくなかった。ハッカビーは南部バプティスト牧師である点で注目された。しかし，本命は不在であった。

　民主党にとって，状況は有利であった。同党は2006年の中間選挙で連邦下院の多数派を獲得し，2008年の大統領選挙での勝利を期待する声が大きかった。そのような気運の中で，ヒラリー・クリントン (Hillary Clinton) は大統領候補者の指名をめざして着々と準備を進めてきた。彼女は2005年に民主党指導者会議の「アメリカン・ドリーム・イニシアティブ」プロジェクトの委員長に就任し，早々と同会議の事実上の支持をとりつけた。また，彼女は予備選挙や党員集会にそなえて，クリントン政権時代の支持者・関係者，女性団体，労働組合を中心に早い時期から各

地に組織づくりを始めた。

　2007年1月には，2人目の主要候補者としてバラク・オバマ（Barak Obama）――イリノイ州選出連邦上院議員――が競争への出馬を正式に表明した。彼は2004年の民主党全国大会の基調演説で「リベラリズムのアメリカ，保守主義のアメリカは存在しない。存在するのはアメリカ合衆国だけである。黒人のアメリカ，白人のアメリカ，ヒスパニックのアメリカ，アジア人のアメリカは存在しない。ただアメリカ合衆国だけが存在する」[2]と訴えて高い評価を獲得し，自由貿易協定やイラク戦争に反対するなど民主党指導者会議とは異なる政策優先順位をもっていた。

　民主党では，2004年の副大統領候補者のジョン・エドワーズ，ニューメキシコ州知事のビル・リチャードソン（Bill Richardson），デラウェア州選出連邦上院議員のジョー・バイデン（Joe Biden），コネチカット州選出連邦上院議員のクリストファー・J・ドッド（Christopher J. Dodd）らが大統領候補者指名競争に参加したものの，競争はクリントンとオバマの2名の間で行われた。両者が政策理念と組織基盤において異なることを考えると，いずれが候補者指名を獲得するかにより，民主党の政策理念の方向と支持者連合の構成が大きく変わることが予想された。

　2008年の大統領選挙のための候補者指名競争は，オバマが立候補を正式表明した直後から開始され，以来，メディアにより候補者中心の取材と報道が続けられた。しかし，候補者の発言と活動だけに注目しても，2008年の大統領選挙の意味はわからなかった。大統領候補者指名競争および大統領選挙で，候補者は自由に争点やレトリックを選ぶことはできなかった。候補者が競争したのは，これまで説明してきた政党政策の歴史的展開，支持者連合の構成，現在の政党対立という重い政党遺産の上においてなのである。

注
1　合衆国憲法第14修正には，「合衆国において出生し，または帰化し……たすべての人は，合衆国および居住する州の住民である。いかなる州も合衆

国市民の特権または免責権を制限する法律を制定あるいは施行してはならない」という規定があり，胎児が第14修正の規定する「人」に含まれるとするなら，生命を奪うことは憲法違反になる（上坂 2008: 175-177）。

2　http://en.wikisource.org/wiki/2004_Democratic_National_Convention_keynote_Address.

引用文献

Baer, Kenneth S. 2000. *Reinventing Democrats: The Politics of Liberalism from Reagan to Clinton.* Lawrence: University Press of Kansas.

Brennan, Mary C. 1995. *Turning Right in the Sixties: The Conservative Capture of the GOP.* Chapel Hill: University of North Carolina Press.

Ceaser, James, and Andrew Busch. 1993. *Upside Down and Inside Out: The 1992 Elections and American Politics.* Lanham: Littlefield Adams Quality Paperbacks.

Congressional Quarterly. 2005. *National Party Conventions 1831-2004.* Washington, D.C.: CQ Press.

Critchlow, Donald T. 2007. *The Conservative Ascendancy: How the GOP Right Made Political History.* Cambridge: Harvard University Press.

Edsall, Thomas B. 2006. *Building Red America: The New Conservative Coalition and the Drive for Permanent Power.* New York: Basic Books.

Faux, Jeff. 1996. *The Party's Not Over: A New Vision for the Democrats.* New York: Basic Books.

Fiorina, Morris P., and Matthew S. Levendusky. 2006. "Disconnected: The Political Class versus the People." In Nivola, Pietro S., and David S. Brady, eds., *Red and Blue Nation?: Characteristics and Causes of America's Polarized Politics, Volume One*, 49-117. Brookings Institution Press/ Hoover Institution.

Galston, William A. and Pietro S. Nivola. 2006. "Delineating the Problem." In Nivola and Brady, eds., *Red and Blue Nation?: Characteristics and Causes of America's Polarized Politics, Volume One*, 1-47. Brookings Institution Press/Hoover Institution.

Jacobson, Gray C. 2007. *A Divider, not a Unifier: George W. Bush and the American People.* New York: Pearson Longman.

Lindsay, D. Michael. 2007. *Faith in the Halls of Power: How Evangelicals Joined the American Elite.* New York: Oxford University Press.

Lowndes, Joseph E. 2008. *From the New Deal to the New Right: Race and the Southern Origins of Modern Conservatism.* New Haven: Yale University Press.

Rae, Nicol C. 1998. "Party Factionalism, 1946-1996." In Byron E. Shafer, *Partisan Approaches to Postwar American Politics,* 41-74. New York: Chatham House.

Reichley, A. James. 2002. *Faith in Politics.* Washington, D.C.: Brookings Institution

Press.
White, John Kenneth. ed. 2003. *The Values Divide: American Politics and Culture in Transition*. New York: Chatham House.
上坂昇, 2008『神の国アメリカの論理:宗教右派によるイスラエル支援, 中絶・同性結婚の否認』明石書店。
吉野孝, 2003「アメリカにおけるニューデモクラットの起源と政治スタイル」『早稲田政治経済学雑誌』第352・353合併号, 早稲田大学政治経済学会, 30-62ページ。

第2章　大統領予備選挙：「オバマ現象」の分析

前嶋　和弘

第1節　はじめに

　2008年大統領予備選挙を振り返るのが，本章の目的である。周知の通り，同年の大統領予備選挙では，両党とも事前の予想とは大きく異なった候補者が指名を獲得した。前年の段階では支持率が伸びなかったジョン・マケインが2008年1月のニューハンプシャー州予備選挙の勝利をきっかけに共和党の指名獲得を確実にしていった。民主党側についてはヒラリー・クリントンとの歴史に残る熾烈な争いを経て，バラク・オバマが指名を獲得した。本章ではまず，予備選挙段階の流れを簡単に振り返り，事前に指摘されていた「超フロント・ローディング現象」の中で予備挙選が長期化した事実をまとめる。続いて，今回の予備挙選の特徴といえる民主党支持者の増加とともに，注目されたオバマ陣営のメディア戦略とその影響についてふれる。さらにオバマ現象をどうとらえるかについて論じ，本章のまとめとする。

第2節　予備選挙の流れ

(1) 民主党の大激戦

　民主党では，バラク・オバマとヒラリー・クリントンが，他の候補を圧倒し，党を2分する歴史的な大統領候補指名争いを演じた。ただ，当初は大方の予想がクリントンの圧勝だった。クリントンが大統領選への名乗りを正式にあげた2007年2月ごろは，民主党の候補者指名の世論調査で圧倒的にリードし，本選挙でも共和党候補を破り，女性初の大統領

となるのではないかとみられていた。

　しかし，予備選挙段階のスタートとなる2008年1月3日のアイオワ州での党員集会から，クリントンの優位が一気に崩れていった。オバマは当初は黒人の間でさえ，必ずしも人気が高いとはいえなかったが，アイオワ州党員集会の前あたりから支持を驚異的に広げた。一方，クリントンは討論会で違法滞在外国人への自動車免許証の付与や，イラク戦争についての態度で矛盾をつかれていった。オバマの場合，経験不足が不安視されていたほか，イラク戦争避難などリベラル的な政策に対する批判もあったが，後述するように"夢"や"変化"を求める民主党支持者からの圧倒的な支援を受けて，予備選挙を勝ち残っていった。

　オバマが優位に立った2月5日のスーパーチューズデー以後にはオバマに対してスキャンダルといえるようなものもいくつか浮上した。例えば，3月にはオバマが通ったシカゴの教会の牧師だったジェレマイア・ライト (Jeremiah Wright) 師の過激発言が大きく報じられた。教会での説教の中でライト師は，アメリカの歴史はインディアンやアフリカ系などの人種マイノリティを白人が搾取してきた歴史であり，戦後の日系人強制収用なども白人の搾取の歴史であると主張した。さらに，搾取の状況を終わらせるのが，アフリカ系を解放することであると強調した。オバマ陣営はライト師を批判したが，それまでこの過激な牧師とオバマが親しい関係であったことは，一般的な米国民にとっては衝撃であった。ただ，すでにこの段階でオバマの優位は揺るがなかった。4月上旬に非公開の集会で，地方の労働者について「銃に執着し，宗教にすがっている」などとオバマが述べたことが動画投稿サイトYouTubeなどを介して広がっても，選挙戦の大勢には影響を与えなかった。

　逆転を目指すクリントンは4月から善戦し数字上は大接戦となったが，5月6日のノースカロライナ州予備選挙にオバマに大勝を許したため，獲得代議員数でオバマにさらに引き離され，逆転の望みがしぼんでいった。結局，6月7日にクリントンが選挙戦撤退を表明し，同27日にはオバマ，クリントンがそろってニューハンプシャー州の田舎町，ユニティでの集

会に出席し，党の団結（ユニティ）と11月の本選挙での勝利を訴えた。

(2) "予想外"が続いた共和党

共和党側でも予想外の展開が続いた。まず，2007年の段階では世論調査の結果から本命であると考えられていたルドルフ・ジュリアーニが，選挙戦の方向性を決めるアイオワ州，ニューハンプシャー両州での選挙戦を無視し，代議員数が多い1月末のフロリダ州の予備選挙から本格参戦するという奇策をとった。しかし，どの州でもふるわないまま，結局，フロリダ州でも敗退し，低空飛行のまま撤退することとなった。また，予備選挙段階の最初の2州であるアイオワ州，ニューハンプシャー両州に多額の選挙資金をつぎ込み，先行逃げ切りを狙ったミット・ロムニーは，メディアの予想よりもかなり少ない数の票しか得ることができず，いずれの州でも敗退した。アイオワ州の党員集会では泡沫候補と思われていたマイク・ハッカビーが宗教保守票を集めて予想外の1位となったが，勢いは続かなかった。

マケインの場合，2007年の段階では支持率が伸びず，選対組織もまとまらなかったため，何度も撤退も噂されていた。しかし，結局，ニューハンプシャー州の予備選挙での勝利でマケインはフロントランナーとして浮上した。2月5日のスーパーチューズデー前にマケイン有利がほぼ確定し，その後，ハッカビーの撤退を待って，代議員の過半数を獲得し，選挙戦を勝ち抜いていった。

(3) 「超フロント・ローディング現象」下の異変

過去20年以上のアメリカ大統領予備選挙でこれまで大きな問題となっていたのが，フロント・ローディング（前倒し：frontloading）現象である。フロント・ローディング現象とは，予備選挙段階の最初に予備選挙・党員集会が集中し，大統領選挙の実質の候補者の決定時期が毎回の選挙ごとに早くなっている現象である。この現象のために，最初に開かれるアイオワ州党員集会，ニューハンプシャー州予備選挙に報道がますます集中

するために，両州の動向が共和・民主両党の大統領候補の選定に過度な影響を与えてしまうようになっている。フロント・ローディング現象は1990年代から特に顕著になっており，近年の大統領選挙ではまだ，各州の予備選挙・党員集会の半分が終わっていない段階でトップの候補以外のほとんどの他候補が脱落を宣言し，実質的な大統領候補が決まっている。

フロント・ローディング現象の最大の理由は，予備選挙段階の最初の数州に報道が集中するメディアのパック・ジャーナリズム症候群であると考えられている。メディアと公共問題センター（Center for Media and Public Affairs）が3大ネットワークのイブニング・ニュースを分析したデータによると，1996年の場合，年明けから党大会までの予備選挙段階の全てのニュースの中で，両州について扱ったニュースの数は5割を超えていたという[1]。また，2000年選挙に関して，ABCテレビのイブニング・ニュースである『ABCワールドニュース・トゥナイト』について行った筆者の分析では，予備選挙段階に関する全てのニュースのうち，アイオワ州党員集会，ニューハンプシャー州予備選挙に関するものは，全体の64％となっており，予備選挙段階の最初の2州だけにメディアが集中する傾向はさらに強くなっている（前嶋2005）。報道が集中すれば，もちろん，国民の関心も非常に高くなるのは必然である。

報道が集中し党指名候補争いにおけるアイオワ州とニューハンプシャー州の影響があまりにも大きくなっているため，候補者選びのプロセスに少しでも参加するために，他の48州も自分たちの予備選挙・党員集会の日程をどんどん前倒しにしている。その分，有権者の選択期間は短くなるほか，実質的に候補者が決まってから開かれる予備選挙は全く意味を持たなくなる。このように，近年，フロント・ローディング現象で，大統領選挙という「マラソン」が「短距離走」になりつつある。

かつては2月から7月までの間にほぼ満遍なく組まれていた予備選挙・党員集会は2004年の場合，3月上旬までに半数以上が集中した。さらに2008年の予備選挙は，1月3日にアイオワ州での党員集会，同8日にニューハンプシャー州予備選挙と，これ以上ないほど，史上最も前倒しの日程

が組まれた「超フロント・ローディング」状態だった。前倒しを試みる州が相次ぐ中，ミシガン州とフロリダ州の民主党が予備選挙日程をフライングのように独断で1月中に早めた懲罰として，党全国委員会から両州の代議員枠を「ゼロ」とされる事態も発生した。この制裁はその後，オバマとクリントンの大混戦の中で注目され，両州の再集計の可能性をめぐった論議が続いた。また，これまで3月に行われてきた複数の主要州での予備選挙実施日であるスーパーチューズデーも，例年より1カ月ほど早い2008年2月5日の火曜日に設定された。2008年のスーパーチューズデーでの予備選挙・党員集会は，民主党は22州，共和党は21州にのぼったため，これまでのスーパーチューズデー以上の影響力があるとして，「メガ・チューズデー」などと呼ばれた。

　各種状況を考えると，どう考えても過半数の代議員の動向が決まるこのスーパーチューズデーで両党の候補が決定してしまうのではないかという見方が優勢的であり，フロント・ローディング現象に伴う前述の問題の悪化も指摘されていた。しかし，ふたを開けてみると，オバマとクリントンの超激戦が続き，「超フロント・ローディング現象」下の中では異変といえるほど，選挙戦が長期間に及ぶこととなった。選挙戦が長期化したため，選挙戦後半に予備選挙が組まれていたハワイやワシントンDCなどの勝敗の行方にも全米の注目が集まることとなった。予備選挙の段階が長期化したのは，オバマとクリントンのような有力候補が戦ったためであるという偶然がもたらしたことかもしれない。また，得票数に合わせて代議員票を獲得するという民主党の予備選挙の規則が選挙戦を長期化させることにつながっている。いずれにしても，フロント・ローディング現象に対する批判が2008年選挙では目立たなかったことも，1980年代以降の選挙では異例のこととして，特筆できる。

第3節　民主党支持層の増加

　今回の選挙を特徴づけるのが，民主党支持層の増加という有権者の動

態的な変化である。『ナショナル・ジャーナル (National Journal)』誌 (2008年3月1日号) の分析によると，若者，富裕層 (年収10万ドル以上)，女性，ラテン系の4つのグループで民主党支持者が増えており，新しい支持連合が形成されつつあるとしている。このうち，注目されるのは，これまでは選挙に関心がなく，投票もしなかった若い有権者 (18〜29歳) の間で政治に対する意識が高まっており，ブッシュ政権への反発から民主党支持者が増えているとしている。イラク情勢が長期化し，景気が思わしくないという政治・社会情勢がこの背景にある。この特集をまとめた編集者のロナルド・ブラウンスタインは，2004年にはブッシュの選挙アドバイザーだったマシュー・ダウドの発言として，「80年代にはレーガンが若者を共和党に取り込んだ。しかし，ブッシュは逆に若者を民主党支持に追いやってしまった」と結論づけている (Brownstein 2008)。

　若い層に政治に対する不満が高まっている中，斬新なオバマという"夢"を託せる候補が登場したことが，若者を積極的に政治に参加させる呼び水となったのかもしれない。若い層が政治参加に積極的になることで，今後の政治や政治リーダーを見る見方そのものが変化していく可能性も考えられる。また，これまで投票所に向かわなかった支持層を獲得することになるため，長い間，やや劣勢だった民主党が盛り返す時代となるきっかけになるかもしれない。そう考えると，「オバマ・デモクラット」と名づけられるような新しい民主党支持層を作り出し，大恐慌をニューディール政策で乗り越え，その後の民主党優位の時代を作ったフランクリン・D・ルーズヴェルト大統領に匹敵する人物になる可能性をオバマは持っているかもしれない。

　もちろん，この一連の流れが実現するかどうかは後世の歴史家の判断に任される。いずれにしろ，ルーズヴェルトやケネディ (あるいは人種マイノリティの壁を破るという意味で奴隷解放を推し進めたリンカーン) などの歴史上の有力な大統領とオバマを比較するような見方がアメリカ国内外でも増えている。このようにオバマを英雄視する声が既に出ているのは興味深い。

オバマへの注目や民主党復権の背景には，変化を待望する土壌が2006年秋の中間選挙前後から生まれている点も見逃せない。そう考えると，同選挙での民主党の勝利は，その後10年以上の政治の潮流を決めた1994年の中間選挙での共和党の勝利に匹敵する，あるいはそれを超えるものになるといえるかもしれない。

ただ，民主党の復権，特に若者の民主党への傾倒は，長期化するイラク情勢や，景気の問題などの政治経済事情を背景としているため，比較的に短期的な現象に終わる可能性もある。アメリカの有権者の多くは共和・民主の2つの選択肢で常に揺れており，本当に民主党支持者が増えているかは，今後数回の選挙を経てみないとはっきりはしない。

民主党の復権がどれだけ本格的なものであるかどうかという議論の一環として民主党支持者の増加に関して，政治学者，そして，政策関係者の中で，再び注目を集めている研究書がある。それは『やがて来る民主党多数派の時代 (The Emerging Democratic Majority)』というジョン・ジュディスとルイ・テシーラが2002年に発表した著書である。この本によると，民主党支持者の次のような変化が見られており，人口動態の変化から，民主党優位の時代がやってくるという主張が展開されている (Judis and Teixeira 2002)。

『やがて来る民主党多数派の時代』(ジュディス，テシーラ著)
による民主党支持者の変化

(1) かつては，「ラストベルト (Rustbelt)」と呼ばれた工業地帯での支持が多かったが，現在ではシリコンバレーやノースカロライナ州のリサーチトライアングルなどのハイテク地帯での民主党支持が増えている。
(2) かつては，「偏屈で独善的な労働者」や「夢ばかりを見ている無能な人物」からの支持が多かったが，現在では専門職を持つ層や，働く女性，アフリカ系，アジア系のほか，人口が急増しているラテン系からの支持が増えている。
(3) 革新的な政策を支持はするが，中道的でもある (Progressive Centrism)。具体的には，社会保障の民営化，妊娠中絶の禁止などには反対する傾

> 向にある。
> (4)市場経済については，経済成長のために必要ではあると考えているが，経済の自由化によって，環境保護がおろそかになったり，労働者搾取が進んだり，市場に不正がはびこることには強く反対する。

　ラテン系の台頭が民主党を支え，いずれは多数派を奪還するという見方は，政治学者の中で賛否が論じられてきた。ただ，データの正確さに対する疑問とともに，特に，著者のテシーラ自身がラテン系であることから，「バランスを欠いているのではないか」「アイデンティティの政治（自分のエスニシティや人種などを政治的争点とすること）」ではないのか，などと揶揄されてきた。さらに，この本の発表後，2002年の中間選挙，2004年の連邦議会選挙・大統領選挙で共和党が勝利し，選挙戦術の巧みさなどから「共和党永遠多数派説」も出たこともあって，この本に対しては，冷ややかに見る意見も多かった。

　しかし，2006年中間選挙での民主党の躍進や，2008年選挙ではオバマの台頭に象徴されるように民主党全体が活性化したため，この本が政治学者や政策関係者の間で再び注目を集めている。この本はケビン・フィリップスが1969年に著した『やがて来る共和党多数派の時代 (*The Emerging Republican Majority*)』という本のタイトルを意識している。この本の中でフィリップスは大統領には選出されるものの，連邦議会下院や州レベルでは，フランクリン・D・ルーズヴェルトのニューディール政策の成功以来，長年にわたって民主党に冷や飯を食わされていた共和党に対する支持者の変化を分析し，保守層の台頭で全国的に今後共和党が強くなっていくことを予見した (Phillips 1969)。フィリップスの指摘のとおり，1970年代末から1990年代にかけて，実際に共和党優位の時代がやってきたため，フィリップスのこの本は，政治学の中では「預言書」的な扱いとなっている。

第4節　オバマのメディア戦略とその影響

　アメリカの選挙運動では，テレビを中心とする選挙スポットが中心的な役割を占めてきた。この状況が大きく変わったのが，2008年の大統領選挙である。候補者のウェブのほか，ソーシャル・ネットワーキング・サービス（SNS）や，YouTubeなどの動画投稿サイト，政治ブログなどの参加型で双方向の性格を持つインターネットのプラットフォームが，候補者と有権者を有機的に結ぶ接点として，2008年選挙では大々的に活用されるようになった。その意味では，同年選挙はアメリカだけでなく，世界の選挙の歴史でも画期的なものであると考えられる。

　この参加型双方向メディアを最も積極的に活用したのが，大統領に当選したオバマである。有権者たちは，オバマ陣営が提供するものだけでなく，自らの意思で別の参加型双方向メディアを使って，自分の意見表明の場に使い，オバマ支援を訴えた。さらに，オンラインの世界だけでなく，実際に街に出て，草の根レベルのオバマの支援活動を行い，これに共感する人々の輪が広がっていった。このように，参加型双方向メディアを駆使することによって，オバマ陣営は，有権者からの支持を大きな社会運動に昇華させていった（Wheaton 2008; Jones 2008）。

　参加型双方向メディアに関連して，オバマ陣営がとった最大の戦略は，有権者・支持者とのインターフェースとなる核としての公式サイト（アドレスはwww.barackobama.com）を充実させた点である。選挙活動の中心拠点となる公式サイトを充実させるために，インターネットに精通した専門家を選対本部に雇い入れた。そのかいがあってか，公式サイトは，有権者にとって使いやすく，しかも実際の支持を拡大させることが可能なように工夫されている。

(1) 公式サイト上のSNS「マイ・バラック・オバマ・ドット・コム」

　オバマの公式サイトがこれまでの候補者のウェブサイトと異なる点は2つある。まず，第1に，公式サイトは単なるPRの場だけでなく，サ

イト内に支持者が独自に自分のページを持ち，運営を自由に任せている点である。オバマ陣営の公式サイトがSNSとなり，支持者どうしが出会い，交流するきっかけを提供した。2004年の民主党予備選挙段階ではハワード・ディーン (Howard Dean) が初歩的なSNSを自分の公式サイト内に設けた。オバマの場合は，この先駆的な活動をふまえて，SNSを本格的に使いこなす選挙戦術を確立した。

　画像2-1はオバマの公式サイトの中にあるSNS「マイ・バラック・オバマ・ドット・コム」(www.mybarackobama.com) の一部である「マイ・ネイバーフッド (My Neighborhood：近くに拠点を持つオバマ支持団体と支持者)」のページである。オバマの写真がデザインされている1番上の大きなバナーは公式サイトのものであり，公式サイト中にこのSNSがあることが分かる。このページでは，「マイ・ネイバーフッド」という名前が示すように，指定した住所の近くのオバマ支持のグループや支持者が列挙されている。「地元のオバマ支持のグループ (Local Groups)」の列には，グループの結成時期，グループと指定した自分の住所からの距離が近い順で示されている。例えば，1番上にある「メリーランド・フォー・オバマ (Maryland for Obama)」の場合，2007年2月10日に結成されSNS利用者の住所からの距離は11.63マイルである。それぞれのグループ名をクリックすると，そのグループの連絡先のほか，代表者，今後の活動日程などが分かる。同様に，「地元のオバマ支持者たち (Local People)」の列には支持者が列挙されており，クリックすると連絡先などを知ることができる。「マイ・ネイバーフッド」を利用することで，自分の近くにいるオバマの支援グループや支援者を割り出し，接触できるという仕組みとなっている。

　SNS「マイ・バラック・オバマ・ドット・コム」のメニューは右側にあり，「マイ・ネイバーフッド」のほかには，上から「マイ・ダッシュボード (My Dashboard：私の連絡ボード)」「フレンズ (Friends：私の友達紹介)」，「イベント (Events：出来事)，メッセージ (Message：連絡メール)，グループ (Groups：私の所属するグループ)」「ファンドレイジング (Fundraising：献金運動)」「マイブログ (My blog：私のブログ)」となっている。

画像2-1　オバマの公式サイトの中にある SNS「マイ・バラック・オバマ・ドット・コム」の「マイ・ネイバーフッド」(2008年7月15日にアクセス)

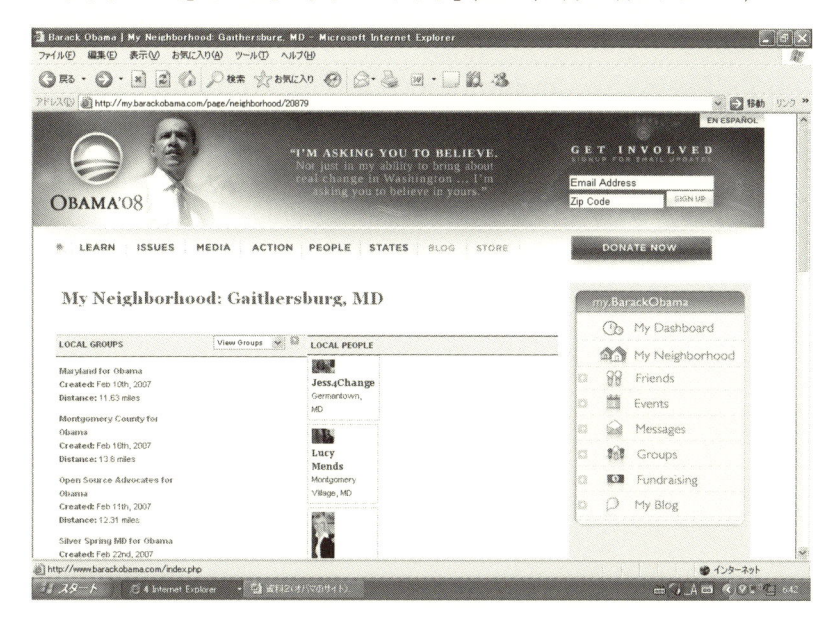

　SNS を少しでも経験した人ならすぐに分かるように、「マイ・ネイバーフッド」と「ファンドレイジング」以外は通常の SNS と全く同じであり、オバマの支援者間の草の根のネットワークづくりがこのサイトの狙いである。

　さらに、「マイブログ」「マイ・バラック・オバマ・ドット・コム」から、自分たちが外部で加入しているサイトにもリンクできるため、マイスペース (Myspace)、フェースブック (Facebook) などの外部の SNS や、YouTube などの動画投稿サイトと連携する形となり、オバマ支持者の「ネット勝手連」がサイバースペース上に広がる。2008年の選挙戦中に検索サイトで「Obama」という文字を検索すると数え切れないほどの支持者のブログを見つけることができた。そのブログの多くが、オバマの公式サイトの中にある SNS にリンクしていたため、一般の1人ひとりのブロガーがオバマ陣営と共同歩調を取り、選挙運動に加わっていった。

参加型メディアを駆使したオバマ陣営の選挙運動に注目が集まるのと同時に、動画投稿サイトYouTubeも2008年選挙を通じて有権者と候補者を結ぶ新しい選挙のツールとして定着することになった。2008年の選挙期間を通じて、YouTubeの中での選挙関連のビデオは無数とも言えるほど、日々増え続け、支持者は自分の撮影した候補者の演説映像や、自作の応援ビデオを無料でYouTubeに掲載し、全米に配信した。YouTubeに掲載されたビデオの中には、内容の斬新さから繰り返し視聴され、ビデオの制作者や出演者の名前が知られるだけでなく、ビデオの内容が時代を象徴する文化的な現象になったものもある。特に、日本でも話題となったオバマを応援するビデオ「Yes, We Can」は、オバマ支持者の「ネット勝手連」が作成し、YouTubeなどの動画投稿サイトにアップロードしたものである。俳優や音楽家らがリレー形式でオバマを支援するもので、2009年1月現在、2,000万以上の再生回数を誇り、YouTubeを代表するビデオとして米国民の間に記憶されるものになっている。

(2) インターネットを使った小口献金

オバマの公式サイトがこれまでの候補者のウェブサイトと異なる第2の点は、サイトを通じて、本格的な資金集めを行っている点である。2000年の共和党予備選挙でマケインがインターネットでの献金を行い注目されて以来、大統領選挙ではインターネットを利用した効果的な献金の手法に様々な試みがなされてきた。しかし、2008年のオバマほど、大々的にインターネット献金を戦略の前面に押し出してきた候補者はこれまで存在しない。

画像2-2はオバマの公式サイトの中にある献金のページである。左側に名前と住所、電子メールアドレス、電話番号、職業を記入し、右側に献金額、クレジットカードの情報、法令準拠の確認をする仕組みとなっている。献金額の部分は15ドル、25ドル、50ドル、100ドル、250ドル、1,000ドル、2,300ドル、「その他の額 (Other)」のうち、1つを選択する。興味深いのは、「その他の額」であり、献金者は1回の選挙における献金上

限額である2,300ドルを超えない範囲で、自由に自分が思った額を記入し、献金することができる。つまり、1ドルという極めて小額から献金することも可能となっている。

オバマの場合、前述のSNSを経由して公式サイトから献金するケースが少なくないと考えられている。画像2-1の右側のメニューの上に、献金のページへのリンクする「Donate Now（いま献金を！）」のボタンがあるのはSNSと献金との相乗効果を狙ったものであるのはいうまでもない。

公式サイトを利用したオンライン献金で広い層からの小額の献金を集めることで、予備選挙段階でライバル候補に大きく差をつけていったほか、本選挙でもマケインを献金で大きくしのいだ。このように、オバマ陣営はSNSとの相乗効果で、インターネット献金の手法を一気に近代化させた。

画像2-2　オバマの公式サイトの中にある献金のページ
（2008年7月15日にアクセス）

オバマの場合，この小額の献金が選挙戦で大きくプラスに作用した。次の表は，連邦選挙委員会がまとめた予備選挙中の2008年3月末のオバマ，ヒラリー・クリントン，マケインの献金総額，献金の内訳(**表2-1，2-2**)である。まず表2-1の献金総額については，2008年3月末の段階でオバマの献金総額は約2億3,474万ドルで，クリントンよりも24％多いほか，共和党の場合，献金が各候補者に分散したこともあって，マケインの3倍以上を記録している。

表2-1　献金総額（FEC 報告，2008年3月末まで）

オバマ	クリントン	マケイン
2億3,474万6,081ドル	1億8,909万7,053ドル	7,669万1,826ドル

内訳(表2-2)については，個人献金総額のうち，200ドル以下の小額が占める割合は，オバマの場合は43％，予備選挙を戦ったヒラリー・クリントンの場合は17％と大差をつけていた。また，同月末の段階で共和党のマケインは28％だった。さらに，献金する人物は多くの場合，その候補に投票するし，ボランティアなども積極的に行う。オバマに小口の献金を行うことは，単に献金するだけでなく，オバマを実際に当選させるための，さらに大きな選挙活動を誓うことも意味していた。

表2-2　個人献金内訳（FEC 報告，2008年3月末まで）

献金額	オバマ	クリントン	マケイン
200ドル以下	1億221万7,130ドル	4,737万5,771ドル	2,145万4,707ドル
200.01ドルから499ドル	2,217万2,143ドル	1,137万6,977ドル	363万2,215ドル
500ドルから999ドル	2,035万1,097ドル	1,223万8,022ドル	629万1,471ドル
1,000ドルから1,999ドル	3,132万2,120ドル	2,628万1,526ドル	1,303万6,317ドル
2,000ドル以上	6,154万3,167ドル	7,741万3,699ドル	3,175万5,843ドル

(3) 電子メール

この2つの特徴に加え，オバマの公式サイトでは，前述のSNS「マイ・バラック・オバマ・ドット・コム」の登録者に向けて，定期的にオバマ陣

営に対する最新の情報を電子メールで送り続けた。筆者自身がオバマ陣営から受け取ったメールの数を確認したところ，筆者が「マイ・バラック・オバマ・ドット・コム」に登録した2008年7月16日から，選挙当日の11月4日で109通のメールをオバマ陣営から受信した。選挙直前の1カ月は，メールの数が増え，毎日ほぼ2通ずつ受け取っている。メールの送り主はオバマや，オバマのスタッフ，妻のミッシェル，副大統領候補のバイデンなど様々だが，いずれもオバマ陣営の最新の情報が記載されているほか，登録した住所に近い地域での選挙活動の参加呼びかけなども含まれている。また，多くがビデオとリンクさせるなど，見た目にも楽しめる内容となっている。

(4) オバマのメディア戦略のもたらした影響

これまで論じたオバマのメディア戦略は実際の選挙運動に大きな影響を与えることになった。とりわけ重要なのはオバマ陣営が築いた支持者のネットワークはサイバースペース上だけでとどまらない点である。オンラインで知り合った支持者が実際の選挙活動に参加することで選挙動員はネットを通じて大きく広がっていった。このオンラインの世界からオフラインでの積極的な活動へというスピルオーバーの流れが選挙参加の上で注視できる。オンラインをきっかけとしたオフラインの「地上戦」が具現化することになったためである。

オフラインへのスピルオーバーは，アイオワ州での勝利に代表される党員集会でのオバマの強さに示されている。そこでは選挙運動組織はトップダウンからネットを通じてボトムアップ型に変革されており，さらに政治に対する熱意も知識もある層へのアウトリーチできるため，潜在的に大量の動員が可能となっている。サイバースペースで知り合った人脈を束ねる「バンドラー」たちが自然発生的に増え，さらに広い層からの小額の献金を集める戦略も功を奏した。このように「ネット勝手連」とその効果的活用で，オバマの選挙運動は一種の社会運動になっていった。

伝統的な選挙運動との相乗効果に関しても，オバマ陣営のメディア戦略は有効だった。公式サイト上の選挙スポット（選挙CM）と電子メールをリンクさせることで支援者に効果的なPRをすることが常に可能になった。さらに，SNSなどを通じて公式サイトが吸い上げたオンライン献金で，通常のテレビの選挙スポットを大量に放映できることとなり，オンラインをきっかけとした「地上戦」だけでなく，「空中戦」でもライバル候補を圧倒していった。「地上戦」と「空中戦」で優位に立ったオバマは予備選挙を勝ち抜き，そして本選挙も勝利する。

　1976年選挙以降のアメリカ大統領予備選挙段階の「勝利の方程式」は，よく早く，より多くのリソースをアイオワ，ニューハンプシャー両州に投入する選挙戦術であった。この背景には代議員選出方法の改革が作用している。かつてのようにボス政治家が密室で候補を選ぶ時代は過去のものとなり，予備選挙を活用して選挙を戦うのが一般的なやり方となったことが大きく影響している（Wayne 2008）。双方向メディアを効果的に使い，予備選段階の最初の州で善戦し，さらにインターネットで「カネ」と「ヒト」のネットワークを広げて他の候補を圧倒するオバマの選挙戦術は21世紀型の「予備選挙勝利の方程式」といえ，今後の選挙戦の雛形となるものかもしれない。今回の予備選挙の段階でもオバマ陣営の成功を目の当たりにし，クリントンやマケイン陣営もオバマの戦術を模倣し取り入れている。ただ，結果論かもしれないが，このような新たな選挙戦術をいち早く取り入れ，「改革者」となる者のみが成功したといっていいかもしれない。インターネットを効果的に活かしたオバマは新しい選挙戦略を一般化させたパイオニアとして，後世の歴史家は評価するのではなかろうか。

第5節　「オバマ現象」をどうとらえるか

　2008年の予備選挙をふりかえって，やはり特徴的なのは，民主党で指名を獲得したオバマの躍進である。よくいわれているような形でこの

選挙が「夢や変化を求める選挙」であったとした場合，その変化を体現するのはやはりオバマであろう。今回の予備選挙の流れを説明するための基本原理がこの「オバマ現象」であり，オバマを軸に選挙戦が動いていった。

(1)「夢や変化を求める選挙」と政治家としての"色"

アメリカ国民はもともと変化が好きな国民である。大統領が3期続けて同じ政党から就任するのは，ブッシュ（父）のような例外を除けば，アメリカの現代史でほとんどない。オバマの選挙活動そのものが社会運動となったのも，オバマの存在そのものが変化を求めているアメリカ国民の琴線にふれたためであろう。オバマの場合，外国人であるケニア人の父と，中西部のカンザス出身という非常にアメリカ的な環境で育った白人の母を持つというユニークな生い立ちや，母子家庭から努力して『ハーヴァード・ローレヴュー (Harvard Law Review)』のエディター，そして弁護士，連邦上院議員になっていく生き様は，まさにアメリカンドリームである。YouTubeなどの新しい参加型のメディアの潜在性を最大限に生かした選挙戦術も目新しく，変化を求める国民の皮膚感覚に訴えている。さらに，2006年中間選挙の前ぐらいから，国民の間で8年間のブッシュ政権に対して否定的な意見が非常に強かった。ブッシュ政権に対する嫌悪感から，国民にとってオバマは実力以上に魅力的にうつったかもしれない。

オバマは議員としての経歴も短く，他の候補と比べると政治家としての実績がほとんどない点などが疑問視されてきたが，逆に経歴が短いことが幸いしている。政治家として色あせておらず，特定の政策に伴う"色"そのものがほとんどついていないため，それだけ未知数の部分が多く，その分だけ期待することもできる。つまり，"色"がない分が変化を求める選挙では有利に働くというわけである。また，少なくとも予備選挙の段階ではオバマの演説では，自分が何かの政策を行うための具体的な示唆や公約は多くなく，「あなたたちを応援する」という"夢"を唱え続

けていた。有権者にとっては，できるだけあいまいなままの方が"夢"を託しやすい。

　オバマが主張してきた政策のポイントにはどれも共通点がある。それは「これまでのワシントンの政治家のやり方ではうまくいかない」という一言に集約される。「自分がリーダーになれば，うまく改革できる」という主張がこの言葉に続いている。自分をワシントンの「アウトサイダー」であるとし，改革者としての能力をPRするレトリックは，大統領選の戦術の定番である。これまでも，ビル・クリントン，ロナルド・レーガン，ジミー・カーターら多くの州知事出身の候補者が反「ワシントン・インサイダー」を掲げて選挙戦に勝利した。新しいものや変化が好きなアメリカ国民に適した戦術である。一方，連邦議会議員出身の候補たちは自分がすでにワシントンの「インサイダー」であるため，当然ながら，この戦術は使えなかった。2004年のジョン・ケリー，2000年のアル・ゴア，1996年のボブ・ドール (Bob Dole) のような連邦上院議員出身の候補者が大統領選挙で負け続けてきたのも，「ワシントン・インサイダー」としての過去の経歴を相手候補に巧みに攻撃されたのが，敗因の大きな理由の1つだった。2008年以前に連邦上院議員で最後に大統領になったのが1960年選挙のジョン・F・ケネディであるといえば，「ワシントン・インサイダー」がいかに不利であるかが，明らかである（上院よりも比較的目立たない連邦下院議員出身者で大統領になったのは，ジョージ・ブッシュ（父），ジェラルド・フォード (Gerald Ford)，ニクソン，ジョンソンらがいるが，いずれも副大統領としてのポストを経験しており，インサイダーであることを逆に利用し党内で勝ち上がっていった"党人派"のタイプであるのが特徴的である）。

　ケネディの場合は，連邦下院議員時代とあわせると大統領選挙に出馬するまで12年間，ワシントンのインサイダーではあったが，当時の場合，相手候補もメディアも過去を詮索することに控えめだったほか，何といってもカトリックという当時にしては圧倒的に「アウトサイダー」のイメージをケネディは持っていた。「アウトサイダー」としてのケネディのイメージは，オバマと重なっている。オバマの場合，連邦上院議

員ではあっても1期目であり，まだ極めて「アウトサイダー」的である。2004年秋の当選からわずか4年も経っておらず，相手候補も過去の経歴を攻撃するのが難しい。エリート教育を受けたとはいえ，アフリカ系であるのは，何といっても究極の「アウトサイダー」である。さらに，ロックスター的な身のこなしもケネディの残像とだぶる。オバマの場合，予備選挙での勝利の後の本選挙でも，具体的な政策を訴える中で，"夢"と"変化"を訴え，有権者はオバマに託す想いを大きくさせていった。

(2) クリントン疲れ

　政治家が訴える"夢"は具体的でないほうが，支持者にとっては自分の思いを託しやすい。逆に，具体的過ぎると"夢"はしぼんでしまう。オバマと激烈な指名候補争いを演じたヒラリー・クリントンの場合，自分の知識や，政策の経験豊かさを主張し，政策を具体的に訴え続けた。しかし，クリントンが強く訴えるほど，有権者にとっては逆にクリントンに対して夢をみることができなくなってしまったのではないか。クリントン陣営がオバマを糾弾するネガティブ・キャンペーンを行えば行うほど，「既存の汚い政治家」というイメージが有権者の印象に残るため，"色"がさらに印象深くなってしまう。その"色"は夫のビル・クリントンと常に対をなしていたため，ビルがヒラリーの応援のために，メディアに登場すればするほど，国民の「クリントン疲れ (Clinton fatigue) はさらに強くなる。

　ヒラリー・クリントンの場合，1990年代に常にアメリカ政治の中心にいたため，すでに「リベラル」「傲慢」「女権論者」などの"色"が染み付いている。2007年秋までは「独走」と信じられていたヒラリーが実際の予備選挙で急速に支持を失っていったのは，クリントン自身が自分に染み込んでいる"色"を落とすことができなかったことに大きく起因しているかもしれない。変化を求める国民の間の前に"前の世代の政治家"でしかなかったのかもしれない。

(3) マケインとの共通項

　既存の政治からの脱却や，ユニークな候補への期待が高まる国民世論が広がっているのを広義の「オバマ現象」と呼ぶとするならば，この現象は民主党だけにとどまらず，共和党側にも及んだといえる。共和党の指名候補となったマケインは「ルース・キャノン（どこに打つかわからない大砲）」と形容されてきたように，共和党の中ではかなり異質な議員として知られてきた。共和党の支持基盤の一角である宗教保守から距離を置いてきたほか，他の共和党議員と群れることはあまりなく，選挙改革や移民法改正などでは民主党のリベラル派と協力してきた。この姿勢が，共和党の保守層からは嫌われる理由となっていた。資金力に劣り，2007年秋には泡沫候補扱いされていたマケインが結局は有権者に選ばれたのも，「オバマ現象」で共和党の有権者の間にも変化を求める機運が高まり，マケインに対する保守派の批判が比較的目立たなかったこともあったかもしれない。さらに，型破りであるマケインと新しいタイプの政治家であるオバマとの間に「変化」という共通項を見出す支持者も少なくなかったはずである。

　イラク戦争そのもの，およびイラク駐留米軍の増派に対しては，オバマは明確な反対の姿勢を貫いてきた。イラク政策に変化が必要であると考える層に対しては，増派を最初から支持してきたマケインは旧体制そのものでしかない。しかし，イラク戦争にこれまで賛成してきたのは，共和党支持者だけでなく，民主党支持者にも数多い。変革は求めていても，オバマに対しては自分たちの"夢"を託せない層にとっては，マケインは格好の選択肢となった。増派を最初から支持してきたマケインの背後には，こうした層の支持者が多数存在したと考えられる。また，伝統的な南部の民主党支持者の中には，アフリカ系が国のリーダーとなることに，皮膚感覚での嫌悪感も捨てきれなかったのかもしれない。

　予備選挙段階の話からはそれるものの，共和党の場合，マケインよりも変化を体現しているのが，副大統領候補のサラ・ペイリン（Sarah Palin）である。アラスカ州知事としても就任以来2年たっておらず，政治的な

経験は足りないものの,改革者としての潜在能力は高いのではないかと,少なくとも指名の段階では論じられた。保守の立場だけは鮮明にしていたため,未知数だが,未知数であるだけ,保守派にとってはペイリンに"夢"を託しやすかった。オバマの若々しさに比べると,マケインの場合,どうしても年齢がネックとなっていたが,オバマよりも若いペイリンとチケットを組ませることで,マケイン,あるいは共和党全体の古めかしい感じを塗り替える効果もあった。一時的なものではあったが,マケインの支持率がペイリン指名後に急激に上昇したのは,こんな背景もあったと考えられる。これも広義の「オバマ現象」であったといえよう。

注

1 "Media Monitor," May/June 1996, 1, *Newsletter of the Center for Media and Public Policy.*

引用文献

Brownstein, Ronald. 2008. "A Party Transformed." *National Journal*, March 1, 5-16.
Jones, Alwin A.D. 2008. "The Politics of Web Strategy: Obama's Smart Use of Web Helped Him Tap into Key Demographics." *Black Enterprise,* November, 54-55.
Judis, John B., and Ruy Teixeira. 2002. *The Emerging Democratic Majority*. New York: Scribner.
Phillips, Kevin P. 1969. *The Emerging Republican Majority.* New York: Arlington House.
Wayne, Stephen J. 2008. *The Road to the White House 2008*. New York: Thomson Wadsworth.
Wheaton, Ken. 2008. "Barack Obama: Adaptable Team Stays on Message while Using Social Networking to Build Voter Roles." *Advertising Age*, October 20, 35.
前嶋和弘,2005「米国の大統領選挙予備選過程の変化とメディア——フロント・ローディング現象をめぐって」『選挙学会紀要』第4号,日本選挙学会,5-21ページ。

第3章　本選挙と選挙運動：争点とその変化

前嶋　和弘

第1節　本選挙の選挙運動

(1) 本選挙の結果

　本章では2008年大統領選挙の本選挙の期間について，争点の流れの変化を中心に検証する。民主党候補のバラク・オバマが共和党候補のジョン・マケインを破った大きな要因の1つが選挙戦の争点の変化にあると考えられており，この点を検証するのが本章の目的である。具体的な分析に当たっては，世論調査とマスメディア（『ニューヨーク・タイムズ』）の報道の双方を取り扱い，イラク問題への関心が薄れ，経済に争点が移っていったという変化を分かりやすく示すため，本選挙期間だけでなく，予備選挙の直前の段階との比較なども含める。

　大統領選挙の結果をみると，支持率の低迷が続くブッシュ大統領に代わって，「変革」の旗手としてダイナミックな変化を体現するオバマを国民は選んだといえる。獲得した選挙人は，オバマが選挙人の過半数270人を大幅に上回る365人を獲得した。ブッシュ大統領が獲得した選挙人が2000年，2004年の2回の選挙で，300を超えることがなかったことを考えると，この数字は大きい。オバマはカリフォルニア州やニューヨーク州など民主党が強い州に加えて，2004年の大統領選でブッシュが勝利したフロリダ州やオハイオ州も押さえたほか，共和党の強いヴァージニア州でも，1964年のジョンソン以来，44年ぶりに勝利した。さらに，一般投票でも52.9％の票を獲得している。民主党の候補者の中ではこの数字を超えるのは，同年のジョンソン（61.1％）まで遡る。

　オバマは，米国史上初の黒人大統領であるだけではなく，就任時47

歳であり，43歳だったジョン・F・ケネディ，46歳だったビル・クリントンに続き，戦後では3番目に若い大統領であり，若手リーダーの誕生は，世代交代を世界に印象づける。若さとともに，オバマは政策においても，選挙中は「変革」を前面に訴えたこともあり，「自由経済」と「強い軍事力」に支えられた「レーガン革命」以来の伝統的な哲学に転換を迫る可能性も就任時から論じられている。民主党にとってはビル・クリントン前大統領以来，8年ぶりの政権奪回となった。

　オバマの勝利と共に，民主党が連邦議会選挙でも議席を伸ばし，連邦議会上下両院での多数派を確保した。民主党が大統領と議会上下両院の多数派を占める「統一政府」は，1994年以来であり，その意味でも，米国政治は大きな転換点を迎えている。民主党は国民からのマンデート（信託）が与えられたようにみえる。連邦上院の場合，共和党のフィリバスター（議事妨害）を防ぐことができる安定多数の60議席近くにまで議席を伸ばした。夫のボブが1996年の共和党大統領候補だったエリザベス・ドール（Elisabeth Dole，ノースカロライナ州選出）の落選など，共和党の「敗北のイメージ」は鮮烈である。また，結局は僅差で勝利したものの，共和党上院のトップであるミッチ・マコーネル院内総務（Mitch McConnell，ケンタッキー州選出）が共和党への逆風を象徴する形で大苦戦を強いられていたのも象徴的かもしれない。

(2) オバマの選挙戦術：「空中戦」と「地上戦」での圧勝

　第2章でふれた予備選挙に続きオバマは「空中戦」と「地上戦」という2つの選挙戦術でマケインに圧勝した。「地上戦」については，インターネットを駆使した組織作りを早い段階から進めていたのが大きい。本選挙段階では，オバマ，そして副大統領候補のバイデンの遊説先では選挙ボランティアを多数導入し，共和党候補が追いつかないレベルの数の支持者を常に動員した。インターネットの動員力を最大限に引き出した意味で，カール・ローヴの指導の下，同じく「地上戦」を重視し，支援者を固めた2004年のブッシュ再選の選挙戦を大きく凌駕したといえる。

予備選挙の段階から豊富な資金力を誇っていたオバマ陣営は，本選挙でもマケイン側を圧倒し，優位に選挙戦の終盤を戦い抜いた。本選挙の最終段階である10月には，オバマ陣営は激戦州だけでなく，共和党の支持基盤の州でも積極的に選挙運動を行った。この「50州戦略 (50-state Strategy)」は民主党全国委員長だったハワード・ディーンがお膳立てをし，オバマ陣営との連携の下に行われた (Barnes 2009)。

「50州戦略」はいうまでもなく，圧倒的な資金量の差に裏付けられていた。第2章で論じたようにインターネットの利用は，小口献金の増加にも直結する。オバマの場合，この小額の献金が選挙戦で大きくプラスに作用した。次の表は，連邦選挙委員会がまとめた大統領選挙が行われる直前の2008年10月末のオバマ，マケインの献金総額（表3-1）と，献金の内訳（表3-2）である (FEC)。まず，オバマの献金総額はマケインの2倍以上の7億ドルを越えており，献金額だけをみても勝負はついていた。オバマの場合，そのうちの88％が個人献金となっている。一方，マケインの場合，献金総額の中で個人献金が占める率は58％となっており，両者の献金は個人献金の量で大きな差が出ている。

表3-1　献金総額（FEC報告，2008年10月末まで）

献金の種類	オバマ	マケイン
個人献金	6億5,661万810ドル	2億1万2,457ドル
政治活動委員会	1,580ドル	142万1,629ドル
政党	850ドル	1万5,797ドル
候補者自身	なし	なし
連邦マッチングファンド	なし	8,410万3,800ドル
予備選からの繰越金	8,345万ドル	4,246万9,618ドル
使用可能な現金額	2,991万1,984ドル	2,501万5,884ドル
計	7億4,170万ドル	3億4,560万ドル

次に，個人献金の内訳については，個人献金総額のうち，200ドル以下の小額が占める割合は，マケインの場合は33％だが，オバマの場合は52％となっており，予備選挙段階以上にオバマが小額の献金に頼っ

ていることを示している。第2章で論じたように,民主党内での予備選挙段階ではライバルだったヒラリー・クリントンよりも,オバマは個人からの幅広い献金を受けていたが,3月末段階で200ドル以下の小額は個人献金の43%であり,この割合は本選挙段階よりも少なかった。

表3-2 個人献金内訳（FEC報告,2008年10月末まで）

献金額	オバマ	マケイン
200ドル以下	3億3,474万2,806ドル	6,393万9,523ドル
200.01ドルから499ドル	716万7,5031ドル	1,313万 865ドル
500ドルから999ドル	5,573万3,056ドル	2,122万5,671ドル
1,000ドルから1,999ドル	7,219万3,794ドル	3,200万3,200ドル
2,000ドル以上	1億1,162万9,326ドル	6,146万1,723ドル

また,資金が多ければ,アメリカの伝統的な選挙手法である選挙スポット（選挙CM）を使った選挙戦である「空中戦」も有意に戦える。オバマ陣営はオハイオ州などのいわゆる激戦州で集中してCM放映時間を購入し,対立候補であるマケインを圧倒していった。テレビスポットに集中的に使うために公的助成を拒否したのは,高額な選挙戦につながるため問題はあるものの,選挙戦術としては慧眼であった。ところで,高額な選挙戦を抑え,資金の透明化を目指した2002年選挙資金改革法（Bipartisan Campaign Reform Act of 2002）の立法の中心がマケインであったのは,皮肉かもしれない。

選挙戦術とともにオバマの自分の政策上の位置づけも見事だった。オバマは元々,「リベラル中道」だったが,予備選挙段階ではリベラル色を訴えて反戦派に代表される民主党内のリベラル派支持者の心を鷲づかみにした。しかし,総選挙ではさらに広い層の有権者からの支援を取り付けるため,元々の中道に移っていった。もちろん,ブッシュ政権,そして共和党に対する不満票が民主党に流れたことも,票を伸ばす要因となった。

オバマは選挙戦術や政策上の位置づけに長けていただけではない。"大

統領としての器"でもマケインに勝っていた。これについては，予備選挙の段階でのヒラリー・クリントンとの大接戦が功を奏した。ヒラリーとの対決で，オバマ自身がリーダーとしての資質を開花させていった。「落ち着いていてぶれない」「信頼が置ける」といった資質も磨かれていったほか，経験の少なさといった自分の弱点をつかれても反論する際の内容のレベルを深化させていった。ライト牧師との関係についてのマスメディアの非難の洗礼を比較的早い段階で浴びることで，後の選挙戦にしこりを残さなかった。このように，予想以上に激烈な予備選挙を体験することで，国民は大統領の卵としてのオバマの成長物語を同時に追体験していった。

　さらに，オバマには運も味方した。次節以降で論ずるように経済危機という追い風はオバマ有利を決定的にした。マケインが副大統領にサラ・ペイリンを選んだことで，マケインとの比較で不安視する声もあったオバマの経験不足が目立たなくなった。ペイリンは夏の党大会では注目され，支持率は高かったが，メディアへの不慣れな対応などで国民世論もペイリンの経験不足に気づき，本選挙前にはペイリン離れが激しくなっていた（Cooper and Sussman 2008）。

第2節　世論調査から見た争点の変化

　本節では争点の変化について，まず，予備選挙開始直前と本選挙終盤の世論調査の結果，および本選挙の出口調査の3点から，アメリカ国民の視点からみた大統領選挙の争点の変化を明らかにする。

　まず，予備選挙が始まる段階の争点から分析してみる。「大統領選挙で最も重要な争点は何か」という質問について，予備選挙直前の2007年12月9日に『ワシントン・ポスト』とABCが共同で行った世論調査の結果は図3-1の通りである[1]。

　この調査結果から，予備選挙開始段階で主要争点の中，経済・雇用問題（24%），イラク問題（23%）の2つが大きく突出していたのが分かる。

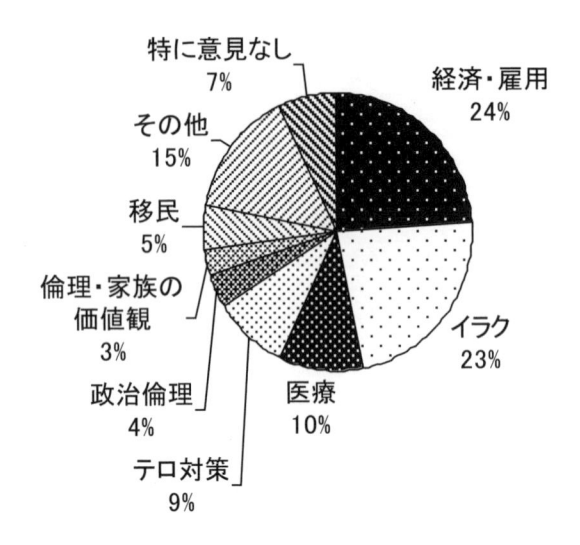

```
              特に意見なし
                 7%              経済・雇用
       その他                       24%
       15%

     移民
     5%

   倫理・家族の
    価値観
     3%
                                   イラク
    政治倫理                          23%
     4%         医療
                10%
     テロ対策
       9%
```

図3-1 大統領選挙の争点（予備選開始直前）

　ただ，経済とイラクを挙げる数はほぼ拮抗しており，この2つがほぼ同じレベルの重要度であった。この2つに続いて，医療 (10%)，テロ対策 (9%)，移民対策 (5%)，政治倫理 (4%)，家族の価値観 (3%) などが主要争点となっていた。その他 (15%) の中には，教育政策，環境問題，妊娠中絶，社会保障，外交，イラン問題，税金などが含まれており，それぞれ1%だった。

　一方，同じ問いについて，本選挙終盤の2008年10月11日の『ワシントン・ポスト』とABCが共同で行った同様の世論調査の結果をまとめたのが図3-2である[2]。本選挙終盤の段階では，経済・雇用を最も重要であるとする回答者が過半数を超えている。一方，イラク問題を挙げる回答者は6%と予備選挙開始段階に比べて大きく減っており，医療を挙げる回答者よりも少なくなっている。他の争点を選んだ回答者の数は予備選挙開始段階と比べて，大きな変化はないため，10カ月前にはイラクを最重要争点に挙げていた回答者の多くがイラクではなく，経済を重要な争点として選んでいると推測される。このように，予備選挙開始段階と

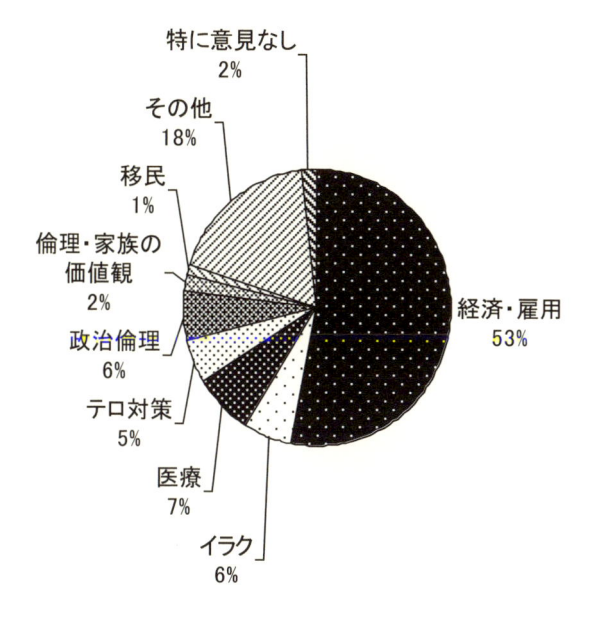

第3章 本選挙と選挙運動：争点とその変化 57

図3-2 大統領選挙の争点（本選挙終盤）

（円グラフ）
- 経済・雇用 53%
- その他 18%
- 医療 7%
- 政治倫理 6%
- イラク 6%
- テロ対策 5%
- 倫理・家族の価値観 2%
- 特に意見なし 2%
- 移民 1%

本選挙終盤では経済政策に対する国民の関心が大きく変化し，イラク問題への関心が薄れ，経済に争点が移っていった

　2008年11月4日に行われた本選挙の出口調査の結果が**表3-3**の1番左の列であり，本選挙終盤の世論調査の結果（図3-2）に近い[3]。出口調査は「経済」「イラク」「テロ対策」「医療」「エネルギー」の5つのうち，どれが最も重要な争点だったか尋ねるものであり，争点の選択肢が限られて

表3-3　最重視する争点と投票結果（出口調査）

最重視する争点	オバマに投票	マケインに投票
経済（63%）	50%	46%
イラク（10%）	59%	39%
テロ対策（9%）	13%	86%
医療（9%）	73%	26%
エネルギー（7%）	50%	46%

いる。そのためか図3-2に示した本選挙終盤の調査よりも経済を挙げる回答者がさらに増えていることが明らかになる。

さらに，同じ出口調査で，争点ごとにオバマとマケインのどちらに投票したかについてまとめたのが，表3-3の右の2つの列である。イラクを争点としている回答者の59％がオバマに投票している点も興味深い。5つの争点のうち，テロ対策を重要視する層は圧倒的にマケインに投票している。経済を最大の争点であるとした回答者の50％がオバマに投票，46％がマケインにそれぞれ投票している。その差はわずか4％であり，これだけでは経済への争点のシフトがどのように影響しているのか，わかりにくい。

しかし，同じ出口調査の結果の中には，経済状況の見方の項目があり，これと合わせてみれば，経済への争点のシフトがオバマを後押ししていることが明らかになる。**表3-4**は，経済状況の見方と投票の差を示したものである。特筆されるのが，経済状況の見方については，「とても心配」とする60％がオバマに投票している点である。一方，「あまり心配していない」とする回答者が圧倒的にマケインに投票しているほか，「全然心配していない」とする回答者の過半数もマケインに投票している。つまり，表3-3で示したようにオバマ，マケインのいずれに投票した層も「経済」が重要とは考えているが，実際のところ，経済状況に対する危機感は大きく異なっている。楽観的な層がマケインを支持し，経済的に大きな不安を抱える層がオバマに票を投じたということになる。

この結果から，リーマンショック以降の経済危機によって経済に対する不安が高まる中で，オバマは自分の支持層を拡大していったのではな

表3-4　経済状況の見方と投票（出口調査）

経済状況の見方（全体の中の割合）	オバマに投票	マケインに投票
とても心配 (50%)	60%	38%
少し心配 (36%)	45%	53%
あまり心配していない (10%)	30%	69%
全然心配していない (3%)	44%	52%

第3章 本選挙と選挙運動：争点とその変化　59

いかと推論できる。このようにアメリカ国民にとって2008年の大統領選挙の最大の争点である経済に対して今後の経済状況を不安視する有権者がオバマに集まった。経済危機がオバマの背中を押して勝利を決定づけたといえる（選挙結果分析については，第6章，第7章でさらに詳しく分析される）。

第3節　マスメディアが取り上げた争点の流れ

　次に，大統領選挙の重要な争点について，どのようにマスメディアが報じたのか，『ニューヨーク・タイムズ』の記事を例にして，争点の変化の傾向を探ってみる。具体的には，『ニューヨーク・タイムズ』の全記事内容が網羅されているデータベース「Lexis Nexis」を利用し，2008年1月から2008年10月までの大統領選挙の期間中に，各争点が含まれている記事が実際にどれだけあったかを月ごとに分析する。この分析の基となるのが，メディア研究で頻繁に行われているメディアが政策の議題を提供する「議題設定機能（agenda-setting function）」，もしくはメディアが他の政策アクターや世論と連携しながら政策の議題を発展させていく「議題建設機能（agenda-building function）」という考えであり，記事が多ければ多いほど，その月の争点に対する関心が高いのではないか，という考えを前提としている[4]。

　争点を示すキーワードは，前述の表3-3で取り上げた出口調査と同じ「経済（economy）」「イラク（Iraq）」「テロリズム（terrorism）」「医療（health care）」「エネルギー（energy）」の5つに絞っている。絞った理由は，この5つのキーワードが出口調査で取り上げられたように重要であるほか，他のキーワードの中には分析が複雑になるものもあるためである。例えば，「移民（immigration）」の場合，オバマの父が留学生であったことなど，選挙の争点とは異なる記事が多数含まれてしまう。移民対策については，トム・タンクレード（Tom Tancredo）らが移民排斥を公約の中心に掲げたため，共和党の予備選挙段階で注目されたものの（Healy and Santora 2007），本選挙段階の世論調査で最重要争点として挙げる国民は少なかっ

た。また、「環境 (environment)」についても、「生まれ育った環境」「現在の環境」などの言葉の場合、争点とは異なる意味がある可能性が元々高いため、省いている。また、実際に『ニューヨーク・タイムズ』の過去の記事の数を分析してみたところ、「移民」にしろ、「環境」にしろ、いずれも「経済」「イラク」などのキーワードよりも頻度は極端に少なかった。

『ニューヨーク・タイムズ』で前述の5つのキーワードを取り扱っている記事の中には、大統領選挙関連ではない記事も多数あるため、コントロールするために、それぞれのキーワードと共に、「大統領選挙 (presidential election)」というもう1つのキーワードを用意した。つまり、「大統領選挙」という記事の中で「テロリズム」などの言葉が使われている記事に限定した上で、月ごとの記事数 (頻度) を記録することになる。さらに、各記事が大統領選挙について扱ったものであるかどうか、筆者がそれぞれを確認した。記事の中には1つの記事で経済とイラクなど複数取り扱っているものも少なくないが、それぞれの1つの記事とみなし、重複して記録した。

表3-5がその結果である。分かりやすくするために、折れ線グラフにしたのが、**図3-4**である。これらをみると、「経済」「イラク」「テロリズム」「医療」「エネルギー」のうち、「経済」「イラク」が上位1、2を常に占めており、毎月の記事数はかなり拮抗した数となっている。しかし、経済危機が鮮明になった9月に経済の方が大きく上回り、本選挙直前の10月には圧倒的な差で経済の記事が増えている。

1, 2, 3月についてはイラクでの米軍の増派も大きな争点となったため、

表3-5 大統領選挙関連記事の数 (『ニューヨーク・タイムズ』)

	1月	2月	3月	4月	5月	6月	7月	8月	9月	10月
経済	120	81	70	79	47	51	53	49	98	140
イラク	130	92	79	61	61	64	83	59	71	87
テロリズム	45	35	18	15	23	29	24	19	29	44
医療	74	73	49	34	17	27	25	28	40	70
エネルギー	65	49	26	30	44	51	45	50	67	71

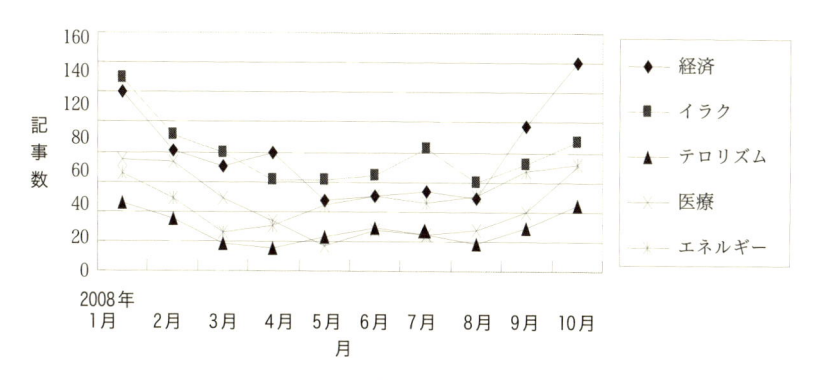

図3-4　大統領選挙関連記事量の流れ（『ニューヨーク・タイムズ』）

イラク問題を扱った記事は，経済を扱った記事よりも多いという結果となった。経済を扱った記事は，9月と10月でその数は急増しており，争点の重要度が増していったと考えられる。リーマンショックに代表される9月以降の経済危機が大統領選挙を扱う記事のテーマにも大きな影響を与えていると考えられる。

ところで，経済というキーワードだけで漏れてしまう経済関連のテーマも少なくない。例えば，民主党予備選挙の段階で大きな話題となった国民皆保険問題も低所得者をめぐる都市問題や経済格差などと大きく関連している。また，エネルギーの場合，やはり予備選挙段階で大きな問題となった燃料費の高騰などと直結するように経済問題でもある。そう考えると，経済というキーワード以上に経済関係の争点を扱った記事は多いのは明らかである。

第4節　オバマとマケインの選挙公約と個々の争点

次に前節までに分析した各争点に関連して，2008年の大統領選挙，特に本選挙を中心にオバマとマケインがどのような選挙公約を行ってきたのか，争点ごとにまとめてみる。

(1) 経　済

　前述のように世論でもメディアの内容分析においても，選挙戦を通じて争点の中で最も注目されたのが，経済であった。このような中，景気対策が予備選挙から本選挙のいずれの段階でも各候補者は景気対策を熱心に訴えた。ちょうど1992年のビル・クリントン陣営のスローガンだった "It's the economy, stupid"（「ポイントとなるのは経済」）と同じように，2008年選挙でも経済政策が勝敗を分けるポイントになると考えられていた。

　オバマは選挙期間中から，1929年の大恐慌後に行ったような政府による積極的な財政出動によるニューディール政策を意識した，公共投資の拡大を主張してきた (Englund 2008)。景気刺激策としては，道路補修などの公共事業を促進することを明らかにし，公的資金の投入を含んだ各種政策をオバマが公約として挙げた。ただ，オバマの経済政策の公約には，伝統的な「大きな政府」志向だけでなく，中間層を中心とした減税措置も含まれていたことは注目される。消費のけん引役となるべきこの中所得層救済については，選挙戦でオバマ自身が強調していたように，ブッシュ政権8年の間に中所得層が教育費や医療保険負担の増加で実質的減収に陥ってしまったという背景がある。ただ一方で，ブッシュが進めてきた富裕層減税は打ち切る考えも示しており，伝統的に民主党が行ってきた所得再分配政策に近い。

　さらに，予備選挙段階でオバマは北米自由貿易協定を中心とする自由貿易協定の見直しやグローバリゼーションの負の側面を何度も強調した。これについては北米自由貿易協定によって米国の雇用が失われたとするのは，工場労働者が多いオハイオ，ミシガン，ペンシルヴェニア州などが予備選挙の大票田だったという選挙戦術上の理由かもしれない (Seelye and Broder 2008)。実際，オバマの保護主義的な姿勢は本選挙では薄れていった。しかし，オバマの本選挙での優勢が明らかになるとともに当選後は少なくともこれまで長年にわたって続いてきた自由貿易の流れが大きく変わる可能性もあるとして注目された。ただ，オバマの貿易

に対する主張は投票日に近づくほど冷静なものになっており，例えば中国に対し予備選挙期間には「中国は為替操作による不当な利益を得ている」と批判してきた（Stokes 2009）ものの民主党討論会などでは「中国の台頭は明白だ。彼らは敵でも友人でもない。競争相手だ」と指摘している。

　マケインの経済政策は，これまで長い間，主に共和党所属の大統領が主張してきた自由主義経済の継続である。規制緩和や自由貿易の重要性を説き，市場開放の推進こそが経済にとってプラスであるというのがマケインの主張だった（Mankiw 2008）。しかし，この主張はこれまでのブッシュ政権との継続性が強いため，マケインには逆風となった。特に2008年9月のリーマンショック以降，株価の急落がアメリカ国民を直撃し，生活実感が悪くなっていったため，マケインの訴える自由主義経済は"無策"と国民の目には映ったかもしれない。

(2) イラク政策

　2007年にもめにもめて決定された増派の効果が現れたこともあって2008年にはイラク情勢は少しずつ鎮静化していった。治まりつつあったとはいえ，「イラク戦後処理」は2008年選挙の大きな争点であった。特に，イラク政策の場合，死亡した米兵の数が増えるとともに，イラク情勢そのものがアメリカ国内の内政問題となっている。大統領選では元々，外交が大きな争点となるのはヴェトナム戦争時の1968年の選挙など，かなり限られている。数々の平和運動に象徴されるように，ヴェトナム戦争のときも内政問題化していた。

　オバマはイラク戦争に一貫して反対した点を売り物にしてきた。予備選挙の段階からオバマはイラクへの増派には否定的であり，少しずつ安定化しつつあるイラクの現状はスンニ派の協力があったためであり，増派が影響したわけではない，とオバマは何度も主張した。公約としてオバマが掲げたのは，大統領就任後16カ月以内にイラク駐留米軍の戦闘部隊を撤退することだった。その代わりに「テロとの戦い」の主戦場をアフガニスタンやパキスタンに移す方針を公言してきた（Kitfield 2008）。

一方，マケインはイラク駐留米軍の撤退については否定的であり，撤退は現地の治安状況や，後を引き継ぐイラク治安部隊の能力を度外視しているため，実現するのはなかなか難しく，混乱を伴うと指摘した。逆にマケインは増派することでイラク問題を乗り切ることを徹底して主張したが，イラクに対する予算や人材のさらなるコミットメントについてはリベラル派だけでなく，保守派の中にも疑問視する声は少なくなかった。マケインの支持が伸び悩んだ背景には，このような国民のイラクに対する見方があるといえる。

(3) テロ対策

　テロ対策は，経済・イラクに次ぐ3番目の重要な争点だった。テロ対策として，オバマが主張していたのが対テロ戦争の主戦場をアフガニスタンに移すことだった。具体的には，アルカイダや，それと連携するイスラム武装勢力であるタリバンを掃討するため，地上兵力を増強する方針を訴えた。また，前述のように公約ではイラク撤退とアフガニスタン重点化はペアになっていた。

　軍事，外交について，オバマは徹底した協調主義を掲げており，テロ対策についても話し合いで解決することを公約としてあげていた。具体的にはイランとの直接対話や，テロリストの温床となっているパキスタンに対して，外交的に圧力を加えていくとした。さらに，イスラム過激派のアメリカに対するテロ行為については，世界各国のムスリムのリーダーたちとの交渉を行い，そこからアメリカへの支持を取り付け，時間をかけてアメリカに対する見方そのものを変えていくという主張をことあるごとに唱えた。ブッシュ政権の力による外交について不満を持っていた国民は多く，オバマの主張はリベラル的だけでなく，保守穏健派からの支持も大きく取り込んだ。オバマはさらに，北朝鮮とシリアとの核協力があったのは，北朝鮮と直接対話をしないブッシュ政権に否がある，との持論も展開した。

　話し合いで解決するというのはカーターに代表される伝統的な民主党

リベラル派の手法だが，中東や北朝鮮などに対するかつてのカーター外交がことごとく失敗したこともあって，オバマに対してマケインは「北朝鮮の金正日のような独裁者と無条件でどうやって対話するのか」と非難した (Solomon 2008)。マケインのような批判をかわすため，オバマは話し合いとともに，プラグマティックな方針も打ち出しており，共和党の大統領でもブッシュ（父）の湾岸戦争を評価すると指摘した。プラグマティックな姿勢の一環として，オバマはイラク戦争を否定するが，テロとの戦いそのものを否定せず，就任時にはアメリカをめぐる国際情勢を「アフガン報復の段階まで戻す」のが原則であるとした。ビンラディンとアルカイダをたたくことを目的とした2001年の段階に戻り，過激派テロリストの掃討に全力を注ぐべきであるという意味である。

　マケインの場合，イラクを中心とするテロ対策での強さがマケインの強みだったが，大統領選の最大の関心事がアメリカの国内経済に移っていく中，マケインのテロ対策での優位性は失っていった。

(4) 医療，エネルギー

　テロ対策とともに，経済・イラクに次ぐ重要な争点だったのが，医療とエネルギーである。争点としての医療問題の中心的な論点だったのが，医療保険改革であり，予備選挙の段階で民主党ではクリントン，オバマのいずれも積極的な改革を主張したほか，共和党でもジュリアーニとロムニーも独自の改革案を提示するなど，注目が集まった。

　予備選挙と本選挙のいずれにおいても，オバマは医療保険改革を経済政策とリンクさせた争点として選挙戦を戦った。オバマの場合，国民皆保険を目指し，大企業に勤めていない国民を対象にした公的保険プランの新設を具体的な政策として打ち出した。オバマのプランでは，全国民に加入は義務づけないが，児童については保険に強制加入させることを特徴としている。この政策はクリントンと似ており，医療保険がない人をどう救済するのかが政策の鍵となっていた。国民皆保険についてはこれまで，ロビイストと製薬業界が癒着しており，皆保険の成立を阻んで

きたというのが，オバマの指摘であり，両者の関係を断ち切るという点をことあるごとに主張した。これに対して，マケインは国民皆保険に反対し，税控除により個人の民間保険への加入を促進するという現状維持に近い小幅の改革を訴えた (Mathews 2008)。

エネルギーに関しては，燃料の高騰の抑制と新エネルギー開発が具体的な政策課題として議論された。燃料の高騰の抑制については，オバマもマケインも規制強化で一致していた。オバマの場合，原油などの一部商品の取引は規制当局の監督外となる特例が投機による原油高をあおる結果を招いているとして，原油相場への投機規制の強化を主張した。マケインも投機防止のための法改正の必要を訴えた。

2人の公約が大きく分かれたのが新エネルギー開発についてである。具体的な議論の中心となったのが，米沿岸の原油採掘の規制解除である。これについては，オバマとマケインとの立場の違いが鮮明であり，マケインは政府の規制を緩和して，採掘できるように主張した。マケインの選挙演説では「掘れ！ 掘れ！ 掘れ！ (Drill! Drill! Drill!)」という合言葉が何度も繰り返された。一方，オバマは環境保護の観点から採掘解禁に強く反対し，その代わりに代替エネルギー開発の投資などを提案した (King 2008)。

(5) その他：環境問題

テロ対策や医療問題よりも争点としての重要度は低いものの，過去の大統領選挙に比べ，2008年の選挙で比較的注目を集めたのが環境問題だった。環境問題はこれまでの大統領選挙ではほとんど取り上げられてこなかった。環境問題が争点化しなかったのはまず，米国では環境問題が国民に直接影響を与える問題とは考えられていなかった点が大きい。また，環境対策に関する文化も米国の場合，日本や欧州とは大きく異なっている。例えば，地球温暖化の原因に対しても人間の活動が温暖化を起こしているという点について，国民の中で意見がこれまで大きく分かれていたため，温暖化対策で国民が1つにまとまるようなことはなかなか

考えられなかった。その中で,環境問題を政策として取り上げることは,極端にリベラルな考えを持つ候補とみなされる恐れがあった。例外的に環境政策を主張したのが,1992年の大統領選挙でのアル・ゴア副大統領候補である。ゴアは現在,温暖化問題に警鐘を与えた映画『不都合な真実 (*An Inconvenient Truth*)』で世界的に知られており,1992年当時も温暖化の問題を指摘したが,戦った共和党のブッシュ大統領(父)がゴアのことを「ゴアはわけの分からないことを言うオゾン男 (Ozone man) だ。頭がどうかしている」と演説で強く非難した (Rosenthal 1992)。「オゾン男」というレッテルは国民に浸透し,ゴアが演説下手であることとあいまって,「科学技術には明るいが,人間性にかける」というゴアのイメージが形成された。このイメージが民主党候補となった2000年大統領選でマイナスに働いたのは,いうまでもない。

　ゴアの件もあって,環境問題はこれまでの大統領選では政策争点としては避けられてきた傾向にあったが,2008年大統領選挙では環境問題もそれなりに注目された。というのも,温暖化の原因が人間の活動であることが米国でもようやくコンセンサスになりつつある点とともに,近年のガソリン高騰のために,代替エネルギー開発を求める声が国民の間で広がったためである。

　2008年選挙において環境対策については,オバマもマケインも比較的積極的だったが,オバマの方がより本格的に対策を訴えた。オバマは温室効果ガスの大幅削減や排出量取引制度の必要性を何度も表明しており,温室効果ガス排出量削減目標を定めた京都議定書に代わる2013年以降の新たな国際的な枠組みの合意に向けて,積極的に関与していく考えも明らかにした。オバマの「大きな政府」志向は環境政策にも垣間見える。石油についても精製技術の改良や代替エネルギーの開発などに力を入れる点を強調しているものの,環境保護局 (EPA) の規制強化などもうたっているため,環境についても市場重視ではなく,政府のリーダーシップを念頭に置いた政策の展開を想定していたのは明らかだった。一方,マケインは共和党の中では異質というほど常々,環境保護を主張し

ており，今回も環境保護を主要政策の1つに加えた。しかし，前述のように，アメリカ近海での油田開発については，エネルギー安全保障上の理由から積極的に推進する立場を明確にしたため，環境保護を支持する層からの支援は限られた (Garber 2008)。一方，代替エネルギー開発政策の場合，即効性のあり，しかも国民が分かりやすい公約にするのはオバマ，マケインに限らず誰でもなかなか難しい。さらに，ブッシュ政権時代に既に代替エネルギー開発に関する立法に連邦議会が少しずつ取り込んでいたこともあって，2008年大統領選挙では国民を2分するような争点とはならなかった。

注

1 　図3-1の基となるデータは，http://www.washingtonpost.com/wp-srv/politics/documents/ postpoll_061608.html より入手した。回答者数は1,125人。
2 　図3-2の基となるデータは，http://www.washingtonpost.com/wp-srv/politics/polls/postpoll_101308.html より入手した。回答者数は1,101人。
3 　http://abcnews.go.com/PollingUnit/ExitPolls2008#Pres_All.回答者数は8,585人。表3-3，3-4もこの調査データを利用。
4 　議題設定機能については，Maxwell McCombs, *Setting the Agenda: The Mass Media and Public Opinion,* Cambridge, UK: Polity Press, 2004. などを参照。

引用文献

Barnes, James A. 2009. "Dr. Dean Regrets Nothing: Howard Dean Talks about His Tenure as Democratic National Committee Chairman." *National Journal,* January 24.
Cooper, Michael, and Dalia Sussman. 2008. "Growing Doubts on Palin Take a Toll, Poll Finds." *New York Times,* October 31.
Englund, Will. 2008. "How Would Obama Govern?" *National Journal,* October 25.
FEC (Federal Election Commission), http://www.fec.gov.
Garber, Kent. 2008. "Protecting Mother Nature: McCain and Obama Focus on Alternative Energy and Cutting emissions." *U.S. News & World Report*, July 21.
Healy, Patrick, and Marc Santora. 2007. "G.O.P. Candidates at Odds Over Immigration Overhaul." *New York Times,* June 6.
King, Neil, Jr. 2008. "Energy: Different Routes to Free the U.S. From 'Foreign Oil.'" *Wall Street Journal.* August 25.

Kitfield, James. 2008. "Obama on the Iraq War." *National Journal*, June 14.
Mankiw, N. Gregory. 2008. "What if the Candidates Pandered to Economists? " *New York Times*. July 13.
Mathews, Anna Wilde. 2008. "Health-Coverage Plans Could Face Obstacles From Growing Budget Gap." *Wall Street Journal*, October 27.
Rosenthal, Andrew. 1992. "Bush Steps Up Attacks on Democrat's Character." *New York Times,* October 29.
Seelye, Katharine Q., and John M. Broder. 2008. "Economic Picture Is Mixed in Pennsylvania." *New York Times,* March 8.
Solomon, Jay. 2008. "Candidates Divide on Korea Deal." *Wall Street Journal*, October 13.
Stokes, Bruce. 2009. "Obama's Trade Agenda: Keeping the Bazaar Open." *National Journal,* March 7.

第4章　バラク・オバマの選挙戦略

ミリキタニ，ジョン・マーサ

第1節　はじめに

　本章では，1) オバマにとってのアイデンティティの重要性，2) 政治心理学，社会学・法律学，政治学の観点からのアイデンティティとオバマの分析，3) アイデンティティと経済のトレードオフ関係 (Green et al. 1998) (アレクシス・ド・トクヴィルの言う「物質主義」と「奴隷制の問題」の関係)，4) オバマの遺産について考察する。

　本章を貫くのは，オバマの活動を説明するための適切な分析単位は，大半の社会科学で用いられる「グループ／アイデンティティ」ではなく，経済学で用いられる「個人」または「自己利益」のレベルであるという主張である。したがって，人々から人種／アイデンティティへの関心を失わせ[1]，彼らの人種的偏見を忘れさせるのに必要な経済的代価とは何か (Fiske and Tetlock 1997)，そして人種差別を終わらせるために生じる代償とは何か，が基本的な疑問である。

　同様に，主として日本の自動車会社に雇用を脅かされながらも，選挙の行方を左右する「ラストベルト地域」の「レーガン・デモクラット」に深く根ざす人種差別意識を克服するためにオバマが発見した手段，すなわち彼らに財政的な利益をもたらす数々の政策についても論じる。つまりオバマは，人種／アイデンティティに訴えるのではなく，「懐具合に応じて投票する」傾向の強い白人層を主要なターゲットとする選挙戦略を打ち立てた。ここに，人種／アイデンティティと経済のトレードオフが起こったのである[2]。

　さらに経済学からみて，もう1つのテーマがある。それはオバマが，

誰かが獲得すれば誰かが失うという「ゼロサムゲーム」を考えているのではなく，すべての人々を裕福にする「ウィンウィン・シチュエーション」，すなわち，成長を促すことにより経済に利益を与える政策を模索しているという点である。オバマの言う「変化」と「希望」がすべてのアメリカ人に受け入れられているのには，このような理由が存在する。すなわち，オバマは経済成長をもたらす政策を推進することにより，人種／アイデンティティによって生じる摩擦を克服しようとしている。オバマがスタティックな経済だけを考えるのではなく，経済を長期的に，あるいはダイナミックに成長させる方法を考えている点は賞賛すべきであろう。オバマの政策は，ロバート・アクセルロッドがかつて政治学の分野で「進化ゲーム理論」を「協力の進化」に応用した事例に類似している。オバマの政策で注視すべき点は，彼が，人種間での協力が促進されると大きな経済的利益が生み出されるという考えから，教育に代表されるような，人種を問わず万人に長期的利益をもたらす成長政策をしばしば唱えていることである。オバマのテーマである「変化」と「希望」によって，選挙民たちはいとも簡単に進化ゲーム理論が必要とする協調的気分になってしまうのである。

第2節　オバマにとってのアイデンティティの重要性

(1) アフリカ系アメリカ人についての認識

　ABCとコロンビア大学アフリカ系アメリカ人政治社会センター(Center for African American Politics and Society)の調査によると，アフリカ系アメリカ人の92％がオバマを支持しており，51％がオバマが大統領になることでアメリカ人であることに誇りをもてると答え，74％がオバマのもとで状況が好転すると答えた。これに対して，APとYahooニュースの調査によると，白人民主党支持者の3分の1がアフリカ系アメリカ人に対して「怠け者」，「暴力的」，「(彼らの社会問題は)自業自得」という印象をもっている。これらのアフリカ系アメリカ人と白人民主党支持者が，オ

バマの勝利に欠かせない中核となる支持層であり，アフリカ系アメリカ人に対して否定的な見解をもつ選挙民が，オバマに投票する可能性はきわめて低かった。したがって，人種によるアイデンティティは選挙においてなお無視できない重要な要素なのである。

政治学者ポール・スナイダーマンは，APとYahooニュースの調査を引用して，人種を理由にオバマに投票しない選挙民は全体の6％ほどであろうと予測した。また，スナイダーマンによると，「黒人はもっと努力しさえすれば，白人と同程度の暮らしができるはずである」と思っている白人民主党支持者は4分の1を超え，無党派の選挙民の間ではその数値が10人中4人に跳ね上がる。さらにスナイダーマンによると，予備選挙においてさえ，ヒラリー・クリントン支持の白人民主党支持者がアフリカ系アメリカ人に対する否定的な表現を1つ以上含む発言を行う確率は，オバマ支持者の2倍もあった。

スナイダーマンは，人種差別意識は予備選挙で投票した白人民主党支持者に少なからぬ影響を与えており，本選挙ではなおさらすべての選挙民に影響を与える可能性が高いと指摘している。さらにスナイダーマンは，人種差別意識に基づく投票行動と教育レベルの低さとの間には相関関係があると結論づけている。したがって，人種／アイデンティティの問題の解決策は，教育水準を上昇させることにある。事実，オバマは後で述べるように，教育改革を支持していると思われる。

2008年9月22日付けの『ウォールストリート・ジャーナル』は，世論調査でアフリカ系アメリカ人候補者に投票すると答えていた選挙民が，実際はアフリカ系アメリカ人に投票しないことを意味する，いわゆる「ブラッドリー効果」を取り上げた。しかし，今から振り返ってみると，オバマの場合，「ブラッドリー効果」の影響はなかったと考えられ，これは（「ブラッドリー効果」という表現が生まれた）1982年当時と比べて，2008年には人種／アイデンティティの重要性が低くなったことを示している。それでは，オバマはどのような方法で，大多数の選挙民の脳裏から人種争点を消しさることができたのであろうか。オバマの成功の鍵は，

争点や経済的利益をうまく組み合わせることにより，人種差別的な観点から「ホワイトハウスに黒人が入るのは許さない」という個人的な価値観を満足させるよりも，オバマが合衆国大統領になる方が自分たちにとってもメリットが大きいということを国民に説得することができたことにあると思われる。

(2) オバマの「真のアイデンティティ」とは

オバマは典型的なアフリカ系アメリカ人ではない。彼は，長年の奴隷制に由来するアフリカ系アメリカ人の苦渋に満ちた歴史的価値観を共有していないだけでなく，世界有数の名門私立学校を卒業している[3]。そのため，当初アフリカ系アメリカ人は，オバマを「自分たちの仲間」とみなさなかった。オバマが多数のアフリカ系アメリカ人の支持をえるようになったのは，アイオワ州の党員集会の後であった。すなわち，白人が人口の93％を占めるアイオワ州でオバマが勝利することができるなら，合衆国大統領選挙でも勝つことができるかもしれないと，アフリカ系アメリカ人たちが思い始めたからなのである。

オバマ自身，2008年9月1日の『タイム』誌のインタビューで，「人種やジェンダー，性的指向，一般に差別の被害者とされている人々のアイデンティティばかりを議題にするような政治をするつもりはない」と答えている。さらに彼は，「黒人のアメリカ，白人のアメリカ，ヒスパニックのアメリカ，アジア人のアメリカなど存在しない。存在するのはアメリカ合衆国である」とも語っている。

第3節　政治心理学，社会学・法律学，政治学の観点からのアイデンティティとオバマの分析

(1) 政治心理学

①パーソナリティー

アメリカ精神医学会の『診断と統計の手引き』によると，パーソナリティーとは行動の「永続的なパターン」のことである。つまり，筆者が

個人的に知っていた18歳の頃のオバマの態度や振る舞いは，今日の彼の政治的パーソナリティーに十分関連しているということである。

事実，オハイオ州立大学のブンネル教授は2008年の研究で，典型的な政治家はナルシスト的な性格の持ち主であり，人種／アイデンティティには無関心で，自分のことにしか関心がないと指摘している。ブンネルは，「ナルシストは物事を任せられる可能性がとても高く，自分の能力を過信しがちで，指導者として介入する傾向がきわめて強い」と指摘した上で，必ずしもこれがよいこととは限らないとしている。なぜなら，ナルシストがよりよい指導者であるとは限らないからである。

②筆者が知っているオバマのパーソナリティー

筆者は，ホノルルのプナホウ・スクール (Punahou School) で，「バリー・オンバー (Barry O'Bomber)」と呼ばれていた頃のナルシストのオバマを知っている。筆者が，2年上の先輩であるオバマと10年近く一緒の学校に通ったとき，オバマはほとんどの後輩に対して偉そうに振る舞っていた。オバマはバスケットボール選手としても横柄であった。彼の横柄な態度については，2007年4月27日，ABCニュースのインタビューで，オバマが所属していたバスケットボール部のコーチが，オバマと再会したときのエピソードを語り，オバマが「私もここでみんなとバスケをやってたんだよね。でも，実際は自分で思っていたほど上手じゃなかった」と認めたと答えている。さらに，2007年6月1日付けの『ニューヨーク・タイムズ』には，オバマのバスケットボールのスタイルは「自信に満ちており，少々高慢なところさえあった」と，そのナルシスト的な人格を裏付けるような記事が掲載されている。

高校時代のオバマは，評判のよくない生徒であった。彼は選挙運動の一環として著した自叙伝で，当時の失態をプナホウでの「不幸な出来事」（人種差別を受けたという示唆）のせいにしているものの，筆者が目にしたときはいつでも，オバマは幸せそうで[4]プナホウでの生活に満足しているようであった。事実，オバマは母親をインドネシアに残して大好きなプナホウ・スクールに戻り，祖父母と住んでいたのである。筆者が知っ

ているオバマは，裕福な白人やアジア系の生徒たちと気ままにつき合い，ハワイ先住民など少数民族の公民権はおろか，生徒会にさえまったく関心を示さなかった。皮肉なことに，オバマは高校時代の政治の世界では人気がなかった。オバマが政治的な活動に関わりをもたなかったのは，驚くべきことである。プナホウ・スクールの創始者である宣教師たちが，(裸体を見せるという理由で) 世界中で人気の高いフラダンスとサーフィンを禁止し，ハワイ先住民のアイデンティティを剥奪しようとしていたので，もし政治家を志す者なら高校政治に関わったに違いない。経済学の「顕示選好理論 (revealed preference argument)」でも，オバマは当時自分のことにしか関心がなく，人種／アイデンティティには無関心であったとみなされており，オバマ自身，高校時代は自分のことで頭がいっぱいであったと認めている。

　高校時代のオバマの性格をよりよく理解するため，彼がハワイで約16年間ともに暮らしたハワイ先住民のアイデンティティをめぐる苦闘の歴史を背景に，当時の彼の政治への無関心さを分析してみよう。合衆国連邦議会は，1893年にハワイ最後の女王リリウオカラニを廃位に追いやった「砲艦外交」に合衆国政府が関与していたことを認め，ハワイ先住民に対する正式な謝罪決議を採択した (公法103～105)。実際，オバマが通っていたプナホウ・スクールの高名な卒業生[5]で，校舎にその名前が付けられている人物は，リリウオカラニ女王を廃位に至らしめた首謀者たちであるので，プナホウ・スクールの卒業生はハワイでもっとも評判の悪いグループの1つであった。そもそもプナホウ・スクールは，イェールやハーヴァードの神学校の方面から派遣された宣教師によって創設された。これらの神学校は，アメリカ建国の祖である会衆派教会や清教徒と同じプロテスタント宗派の系列であり，マックス・ウェーバーにより，『プロテスタンティズムの倫理と資本主義の精神』の中で，その倫理こそが産業革命の基礎となったと賞賛された。しかし，その宣教師たちはハワイ先住民のアイデンティティを認めようとしなかった。最終的に，この宣教師たちの末裔がハワイの富と権力を掌握するに至り，

ハワイ先住民は自分たちの土地を奪われてしまったのである。重要なのは，この歴史はハワイではよく知られているのにもかかわらず，オバマはアイデンティティ政治の最たる例である先住民の正義のための闘いに決して身を投じようとしなかったということである。

　また，オバマは予備選挙期間中に，ペンシルヴェニアの労働者階級は失業不安に苦しんだ結果，宗教や銃に執着し，反移民感情を抱くようになったと発言し，ヒラリー・クリントンとジョン・マケインにより，そのエリート意識（言い換えればナルシシズム）が批判された（『ワシントン・ポスト』2008年4月12日）。

　さらに，アメリカ合衆国で小さな州の1つから選出され，自分の政治生命を脅かす恐れのないバイデンを副大統領候補に指名したのも，栄光を独り占めしたいというオバマのナルシスト的傾向の現れであろう。ヒラリー・クリントンを副大統領候補に指名しなかったのは，彼女が予備選挙で1,800万票も獲得した上に，巨大なニューヨーク州の議員であり，2012年のオバマの対抗馬として立候補する可能性があったからであろう。すなわちオバマは，そのナルシシズムゆえに，無意識のうちに，「オバマ／ヒラリー」という「ドリームチーム」を実現するよりも，自身の政治的利益を擁護することを選んだのである。

③コールバーグの「道徳性の6段階発達理論」

　心理学者ローレンス・コールバーグは，人の道徳性は6段階で発達するとし（Kohlberg 1981），マーティン・ルーサー・キングやガンジーは最高水準の道徳性を示す段階6の事例，すなわち，（人種／アイデンティティといった）信念のために命を捧げることも厭わなかった指導者であると述べているものの，オバマのような現代の政治家が段階6に到達しうるか否かについては言及していない。オバマはアイデンティティの有意性を否定しているので，キング牧師やガンジーのように，人種／アイデンティティのために自分の命を犠牲にするかどうかは疑わしいのである。

④公民権運動

　オバマは，アイデンティティ政治を公然と支持するジェシー・ジャク

ソンのような昔ながらの公民権運動家ではない。ジェシー・ジャクソンは公民権運動でマーティン・ルーサー・キングの側近として長期にわたり活動し，アフリカ系アメリカ人としてオバマより先に大統領に立候補した人物である。ジャクソンはオバマにしばしば反対しているように見える[6]ことがあるとしたら，それはおそらく，古株の公民権運動家たちとは異なり，オバマが人種／アイデンティティに基づくアフリカ系アメリカ人への経済援助を支持しなかったからであろう。

同様にオバマは，ジャクソンが行ったように，奴隷制度に対する賠償金を支持することができない。なぜなら，そのようなことをすると，白人層からアフリカ系アメリカ人に巨額の富が移り——金融危機のさなかに非現実的である——，オバマは増税するであろうと主張してある程度まで成功したマケインの思いどおりになってしまうからである。また，奴隷制度への賠償金は，オバマの中産階級への減税計画と財政的に相容れないであろう。

さらに，オバマはアフリカ系アメリカ人の誇りを政治的にうまく利用した。オバマは自分が高慢な[7]アフリカ系アメリカ人に見られてしまうという問題を手間のかからない方法で解決した。すなわち，日本人のように建前と本音を使い分け，非公式な場ではアフリカ系アメリカ人に対して自分たちの代表が大統領候補になったことに誇りをもたせようとする一方で，公の場では謙虚に振る舞ったのである。

(2) 社会学・法律学

オバマは，社会学者ウィリアム・ジュリアス・ウィルソンに倣い，アファーマティヴ・アクションは，人種／アイデンティティではなく，貧困の度合いを基準に実施すべきであると主張した(『タイム』誌2008年9月1日)。しかし，同記事は，公民権運動のかつての多くの指導者たちが黒人アイデンティティ政治の推進に命を捧げたことにも触れている。アフリカ系アメリカ人は，アフリカ系アメリカ人であることを証明しさえすれば，教育[8]などの政府給付の「割り当て枠」に代表される資格が与え

られなければならない，というのがこれまでの見方である。したがって，オバマ政権が誕生した場合，公民権を支える憲法原則の法的根拠――法曹界では，カロレーンプロダクツ判決脚注4（Carolene Products Footnote 4）として知られ，「社会から切り離され孤立したマイノリティ」またはアイデンティティに基づく差別立法は憲法で禁止される――が，アイデンティティの証明から貧困の証明に変更されるかもしれない。

　実際，たとえば社会学者ローレンス・ボボを含む多くのアフリカ系アメリカ人は，アフリカ系アメリカ人が合衆国大統領――世界で最強のポスト――になると，差別の歴史や過去の被害に対する補償など，公民権をめぐるこれまでの法的な議論が，事実上，現実的な意味を失い，アフリカ系アメリカ人に流れる給付が減少するのではないかと懸念している。ボボは「白人層は（アフリカ系アメリカ人の苦境に）耳をかさなくなるであろう」と述べている。

　アレクシス・ド・トクヴィルは古典的名著『アメリカの民主政治』で，「奴隷制度」が社会問題を引き起こす可能性があるとはいえ，アメリカ人の「本性」は物質主義的であると特徴づけた。言い換えると，アメリカの社会学が誕生して以降，アメリカを厳格に経済的，個人主義的な観点から理解しようとする見方と，社会またはグループの中で構成される「アイデンティティ」という観点から理解しようとする見方が拮抗している。たとえば，世界一裕福なアフリカ系アメリカ人女性であるオプラ・ウィンフリー（Oprah Winfrey）はオバマの強力な支持者であるものの，これはオバマが自分と同じアフリカ系アメリカ人（アイデンティティ）であるからなのか，それとも巨大なオプラ帝国の「政治的な正しさ」をアピールしたいという経済的な動機によるものなのかは明らかではない。最初にトクヴィルが指摘したように，経済とアイデンティティのトレードオフがアメリカでは歴史上つねに行われてきた。これから見ていくように，バラク・オバマの立候補は同一のトレードオフを意味するのである。

(3) 選挙政治

①中位投票者

　中位投票者定理 (Black 1948; Downs 1957) の予測にしたがうと，オバマが予備選挙では人種／アイデンティティに訴えかけ，本選挙では中道路線を進むことが最善策である。これは，「予備選挙では保守派にアピールし，総選挙では中道派にアピールせよ」というニクソンの有名な法則に適っている。たとえば，オバマがハワイ先住民のアイデンティティ問題をどのように扱ったのかを考えてみよう。予備選挙の間，オバマは，ハワイ先住民とアメリカ先住民を平等に取り扱うことを定める「アカカ法案」[9]を支持していた。しかし，アメリカ先住民のウェブサイト (www.Indianz.com) によると，総選挙の間には，オバマは「アカカ法案」に盛り込まれたハワイ先住民の主権の問題を放棄したように見えた。

　合衆国ではヒスパニック系の人口が増えつつあり，2004年には，ヒスパニック系は共和党支持と民主党支持にほとんど等しく2分される可能性があった。したがって，本選挙で増加しつつあるヒスパニック票を獲得するために，中道に位置することがオバマの最良策であった。

　左－右の政治座標軸上で投票者が釣り鐘型に分布することを想定する中位投票者定理にしたがうと，大統領候補者に利用可能な政治戦略は，ⅰ) カール・ローヴのように，基底にいる投票者層を掘り起こす，ⅱ) 2大政党のいずれをも支持する投票者にアピールする，すなわち中道を勝ち取る，のいずれかである。オバマはアフリカ系アメリカ人層に確固たる「基盤」をもっているので，この政治戦略の2分法によると，彼は人種／アイデンティティには訴えずに，2大政党のいずれをも支持するヒスパニック層または白人層に手を伸ばすべきなのである。

　さらに，オバマはある人種の利益を別の人種の利益に優先させる，すなわち，人種／アイデンティティを利用することはできない。なぜなら，1つのグループに与えることは，（短期的に見ると）別のグループから奪うことを意味するからである。しかも，この種の偏った優遇措置をとると，マイノリティの連合の上に建てられている民主党が分裂する恐れ

がある。そのためオバマは，現実的な経済成長を前面に打ち出すか，インフレによってあたかも実質的な所得が増加したと思わせる「貨幣錯覚」を利用して，人々に「経済的に余裕ができた」と思わせることが必要なのである。

②候補者イメージ

よく知られているアメリカ選挙政治の「ミシガン・モデル」とは，本選挙の終盤で，いずれにするか決めていない選挙民がテレビで観た候補者の「印象」をもとに誰に投票するかを決めるというものである。このため，テレビの印象は，パット・キャデル[10]などの選挙アドバイザーの手により，詳細な世論調査をもとに巧妙に作り上げられる。このモデルにおいて，人種は重要な要因でありながら，選挙戦の早い時期に論じられるため，本選挙が近づく頃には選挙民は候補者のアイデンティティよりも，テレビで観た印象を重視する。これは，本選挙では中道派にアピールせよという「ニクソンの法則」にも通じるところがあり，「ブラッドリー効果」を軽減する効果をもつ。大統領候補者には「テレビに備えよ (Save for the Tube [TV])」という法則がある。現にオバマは総選挙の直前，全国ネットでの派手なパフォーマンスによってテレビを活用した[11]。これは，大学で政治学を専攻した者として，オバマが「政治ゲームのルール」を知ってそれを実践していることを証明している。オバマは人々が思っている以上に計算高い男なのであろう。

③アフリカ系アメリカ人候補者にとってのTVの重要性／「ノードラマ，オバマ」

政治家は頻繁に，「ノヴェルティ効果」(Taylor et al. 1978)（目新しいものに関心をもち，試してみようとする傾向）と「ポジティヴィティ・バイアス」(Sears 1983)（初めて会った人物に好印象を覚える傾向）を利用する。たとえば第2次世界大戦中，有名な第442連隊戦闘団に配属され片腕を失った日系初の上院議員ダニエル・イノウエは，日本人の容姿をもち，しかも片腕であることから，「間違いなく名の通った連邦上院議員になる」とサム・レイバーン下院議長が予言していた[12]。

オバマの場合，史上初のアフリカ系アメリカ人大統領有力候補という

当然のドラマ効果があまりにも大きかったので、オバマ自身、2008年の選挙運動ではこれ以上のドラマ（リスク）を加えないようにスタッフに指示し、スタッフからは「ノードラマ、オバマ（ドラマを嫌うオバマ）」と呼ばれていたという。テレビを見ると、オバマがアフリカ系アメリカ人の血を引いていることは明らかであり、このノヴェルティ効果とポジティヴィティ・バイアスの組み合わせはオバマに有利に作用した。その結果、ジェシー・ジャクソンのような「アイデンティティ政治」を説いて回る「型通りの」アフリカ系アメリカ人政治家と混同されないよう注意し (Taylor et al. 1978)、中位投票者（ヒスパニック系、白人層）にアピールすることがオバマの課題になったのである。

④メディアの期待ゲーム／「競馬」予想方式

1976年のジェラルド・フォードのように現職大統領の人気が低い場合、大統領候補者はワシントンと既成政治に対抗する存在となることが効果的であり、これはジミー・カーターの選挙運動によって証明されている。現職大統領の人気が低い場合、人々はワシントンでの政治経験がほとんどない外部の人物を好む傾向にある。そこで、ジミー・カーターは、早期の予備選挙州で予想外の「逆転」勝利をすることによって、メディアを味方にすることができると判断した。なぜなら、メディアは新しく予想外のものを報道して利益／ニュースをえているので、「逆転」勝利がニュース価値をもつからである。このようにメディアが選挙で誰が善戦したのかを報道することを、「競馬予想」方式 (Plissner 2000) という。オバマは、メディアによる「期待ゲーム」のやり方をしっかりと学び、自分自身をワシントンと既成政治に対抗する大統領候補として位置づけ、早期の予備選挙州で勝利するために奮闘した。これはヒラリーがとった戦略とは正反対である。オバマ自身、自分の勝利はワシントンではなく草の根支持者に支えられているとし、「私たちの選挙戦はワシントンの広間ではなく、デモイン（アイオワ州）の裏庭から出発した」と言っている。これによりオバマは、ヒラリー・クリントンのもつ「ワシントンでの経験」という優位性を無効にした。現にオバマは、ヒラリーが「イラク戦争」

に賛成票を投じた人物であることを繰り返し強調することで,彼女が「ワシントン政治」の一部であることを印象づけた。

⑤「ラストベルト地域」の同盟／「ブラッドリー効果」をくつがえす新たな「フィッシュタウン効果」／堅固な南部の衰退

アメリカの政治地図を分析すると,オバマが勝利した大きな理由の1つに,「ラストベルト地域」の「レーガン・デモクラット」の票を獲得したことがある。彼らは,自動車・鉄鋼業を主産業とする北西部／中西部諸州（ミシガン,オハイオ,ペンシルヴェニア,イリノイ,インディアナ,アイオワ,ウィスコンシン）に居住し,1980年にレーガンに投票し,2004年にはその半数近くがジョージ・W・ブッシュに投票した。彼らは,今回は自分たちの雇用確保と引き替えに,人種選好には目をつぶったと知られている (Greenberg 1995)。すなわち,大統領候補がアフリカ系アメリカ人であっても,自分たちに利益をもたらす可能性がある（「経済的利益のために投票」できる）なら,人種問題には目をつぶって,アフリカ系アメリカ人候補に投票するという,アイデンティティと経済のトレードオフが起こったのである。

この分析と一致するように,オバマはこれらの投票者に次のことを約束した。①景気の活性化,②中産階級の減税,③自動車会社の救済措置,④保護貿易への転換（少なくとも予備選挙中でオバマはそう主張した）,⑤失業者の雇用を支援する調整援助の提供,⑥代替エネルギーおよび建設業界（いずれも自動車産業を間接的に助ける業界）などに300万の新たな雇用を創出,⑦人種／アイデンティティではなく貧困の度合いに応じたアファーマティヴ・アクションによる貧困層の救援,⑧国民医療保険（米国内での自動車製造の主要コスト[13]）の提供である。これらは,オバマの政策立場の重要な部分を構成し,いずれも「ラストベルト地域」の「レーガン・デモクラット」の生活向上にアピールするように準備された。

事実,多くの政治専門家は,「ラストベルト地域」を合衆国政治において戦略的に重要な地域であるとみなしている。歴史的に,この地域は「揺れる州」と称され,1980〜1984年にはレーガンに投票し,2008年に

は大半がオバマに投票した。実際，「オハイオで負けた共和党の候補者が大統領になったためしがない」という法則がある。「ラストベルト地域」で勝利し，とくに共和党からオハイオ州を奪い取る戦略は，オバマの政治的なルーツが中西部（シカゴ）にあることを考えると驚くには値しない。それにもかかわらず，オバマの「ラストベルト地域」戦略の効果と巧妙さをよりよく理解するには，かつて中西部には，合衆国でもっとも多数のクー・クラックス・クランが住んでいたということを想起する必要があろう[14]。

　2008年，オバマが巧みに利用した「人種／アイデンティティと経済のトレードオフ」を表現するために，「フィッシュタウン効果」という新しい造語が生まれた。ペンシルヴェニア州フィッシュタウンの人種差別的な労働者は，オバマが保護主義を支持する，すなわち，オバマが雇用を守ることを約束したという理由だけで，オバマに投票したと考えられており，この町の名前に因んで「フィッシュタウン効果」と言われるようになったのである。「フィッシュタウン効果」は「ブラッドリー効果」に対抗するものであり，2008年の大統領選挙が「ブラッドリー効果」の影響を受けなかったのはこのためであると思われる。

　ここ数十年の大統領選挙には堅固な南部が大きな影響力をもっていた。すなわち，以前は，民主党候補者であれ共和党候補者であれ，大統領になるためには南部のすべての州で勝つ必要があると考えられてきた。しかしながら，2008年，深南部（Deep South）が結束して共和党に投票したのにもかかわらず，オバマは大統領選挙に勝利した。深南部（ジョージア，アラバマ，アーカンソー，ミシシッピー，ルイジアナ，テキサス，ウェストヴァージニア）は，今なお人種に関する保守性があまりにも根強い地域なので，そこでアフリカ系アメリカ人大統領候補者が票を獲得することは困難である。そこでオバマは，深南部の人種差別主義者からの票を諦め，「ラストベルト地域」での選挙ブロックの形成に力を注いだ。深南部においては，人種選好が強すぎるがゆえに，どれだけ資金を投入しても人種差別主義者を「懐具合に応じて投票」させることができない（彼

らは「合理的に選択」して人種／アイデンティティより経済を優先する意志をもたない），とオバマは認識していたのであろう。

第4節　政治と経済：人種／アイデンティティと経済のトレードオフ

(1) 危機の経済学

　自由市場が100年に1度の危機に瀕している中で，オバマの選挙運動は，「経済決定論」とでもいうべき状況から恩恵を受けたように思われる。学問的に言うと，今回の金融市場の破綻は，「ビジネスにとってよいことがアメリカにとってもよいこと」という共和党の政策スローガンとは対照的なジョン・ジアナコプロスら「不完全市場」(Geanakoplos and Polemarchakis 1985; Geanakoplos et al. 1990) 一般均衡理論を唱える学者，ロバート・シラーら「行動経済学者」の理論的枠組みの正しさを立証している。すなわち，経済理論が十分に進歩した結果，「過度に単純な」共和党の見解は有効性を失い，「市場の失敗」を是正するため政府が介入すべきであるという民主党の政策展望に一種の学問的正当性が与えられたのである。したがってある意味において，オバマと民主党は，金融危機という情勢下で経済学における知的パラダイムシフトから恩恵を受けたと言えるであろう。

(2) 労働経済学
①雇用差別
　労働市場において差別が存在することは経済学的に証明されている。バートランドとムライナサンの論文「エミリーとグレッグはラーキシャとジャマルより雇用されやすいか：労働市場差別におけるフィールド実験」（全米経済研究所，2003年）は，オバマが政治家としてスタートしたシカゴでの雇用差別を取り上げ，典型的なアフリカ系アメリカ人の名前（ラーキシャ，ジャマルなど）をもつ者は雇用されない傾向があるものの，典型的な白人の名前（エミリー，グレッグなど）をもつ者は書類選考の段

階で配慮される傾向があるとしている。一方，労働経済学者ジョージ・ボージャスは，「人種の賃金格差」は英語の習熟度 (すなわち教育程度) に起因していると説明する。また，労働経済学者らによると，マイノリティ間の所得の格差の多くは，英語力の不足に由来している。

②教育経済学／アファーマティヴ・アクション

労働および成長経済学者 (Romer 1989) たちは，オバマが目的とする所得の増大を達成する最善策は教育レベルを上げることであると結論している (Mincer 1958)。実際，「教育への報酬」の領域におけるもっとも精緻な研究は，学力が低い (または貧困家庭の) 子供に最大のメリットをもたらすのは教育であるとしている (Ashenfelter and Rouse 1998)。すなわち，教育こそが，長期にわたり人種間の貧富の差を解消する「偉大な平等化装置」なのである。さらに，多様な人種グループも経済学者たちと同じ結論に達している。ABC とコロンビア大学アフリカ系アメリカ人政治社会センターの世論調査 (2008年9月23日) によると，あらゆる人種／アイデンティティ (アフリカ系アメリカ人，ヒスパニック系，白人を問わず) をもつ人々の過半数が，人種／アイデンティティではなく貧困の度合いに応じたアファーマティヴ・アクションを支持しており，すべてのグループが経済を優先順位第1位の課題に挙げている。白人の76％，アフリカ系アメリカ人とヒスパニック系の80％が，政府は真っ先に経済問題に対応すべきであると答えている。これはまさしくオバマが第1優先事項として掲げたものである。さらに，アフリカ系アメリカ人とヒスパニック系の60％が，人種／アイデンティティよりも，むしろ経済的な階級 (労働者階級，中産階級など) への所属意識の方が強いと答え，アフリカ系アメリカ人は，60％対23％の大差で，自分たちに必要なのは政治力ではなく経済力であると答えている。ここで，スナイダーマンが人種差別と教育レベルの低さには相関関係があると論じたことを思い出してほしい。オバマは教育政策によって富を増やし，人々に人種差別の愚かさを理解させるという「一石二鳥」の機会をえたのである。

(3) 党派的政治周期／インフレの亡霊

　経済学では，失業とインフレの間に本質的なトレードオフ関係が存在する。インフレ率が高いときには失業率が低下し，逆に失業率が高いときにはインフレ率が低下すると考えられ，この関係を示したものが「フィリップス曲線」と呼ばれている。この理論によると，オバマが1兆ドル弱（米国GDPの約7%）を支出して実現しようとしている300万人の雇用創出のために，彼はインフレを受け入れなければならない。政治経済学者アルバート・アリシナは，「フィリップス曲線」で示される関係を一般化し，インフレ率を高くすることによって失業の増大を阻止しようとする政党（民主党）と，無駄な雇用の創出を制限することによりインフレ率を低く抑えようとする政党（共和党）が交代で経済をコントロールするという「党派的政治周期」を提唱している（Alesina and Rosenthal 1989; Alesina and Sachs 1988; Alesina and Roubini 1992）。すなわち，「党派的政治周期」（政党間の振り子式政権交代）が実現すると，民主党が景気を回復させて雇用を創出し，その結果として起こるインフレを，共和党が政権を引き継いで解消するということになる。

　オバマはインフレを「政治の道具」に利用し，長期的に富裕層から貧困層に富を再分配する政策を実施する可能性がある。インフレ政策は，富裕層から貧困層に富を再分配するための巧妙な方法である。インフレ下では，名目では左派（若齢層）も右派（高齢層）も同様に所得が増えるものの，実質では，インフレ／政府支出によって資金調達される新興の技術セクターでの所得が増えるため，左派（若齢層）が「勝者」となる。全ての者が名目的により裕福になったと感じる（実際には右派／高齢層が「敗者」となる）「貨幣錯覚」が起こるため，10%を下回る程度のインフレなら左派も右派も短期的には「満足」するかもしれない。しかし，インフレ率が上昇すると，右派／高齢層はますますオバマに落胆し，オバマに批判的になるであろう。

　2008年11月の大統領選は，1930年代の世界恐慌以来と言われる最悪の経済・金融危機のさなかに行われた。オバマは，経済・金融危機の克

服を最優先事項に挙げている。すなわち，1～2年の短期的な展望では，かつてジョン・F・ケネディ大統領が減税政策で景気を刺激したときと同様に，オバマは雇用創出と景気刺激策の成功によって評価されるであろう。しかし，長期的には，オバマの評価は，その政策によりインフレが引き起こされるか否かによって決まるであろう。インフレで失敗したのは，民主党のジミー・カーター大統領であった。すなわち，彼は景気低迷を打開するために「通貨増刷／無償給付」を実施したものの，それにより2桁のインフレが引き起こされ，さらにそれが「レーガン革命」につながった。カーター政権が実証しているように，もしインフレが2桁または10％にまで悪化するようなことがあるなら，オバマの政治的評価は下がるであろう。逆に，もしインフレ率をそれ以下に抑えることができるなら，オバマは偉大な大統領とみなされると同時にアフリカ系アメリカ人への評価も上がるであろう。しかし，オバマの政策がインフレの悪化を招いただけであったとするなら，アフリカ系アメリカ人は所詮「生活保護」や「失業手当」の対象にすぎないというこれまでの固定観念がますます強められることになろう。

第5節　オバマの遺産

(1) アメリカ文化と若い世代への影響

　アフリカ系アメリカ人男性にとっての模範的人物は，もしオバマでないとするなら，かつて世界で最も人気のある男性であったコリン・パウエル (Colin Powell) であろう。アフリカ系アメリカ人女性にとっての模範的人物は，もしミシェル・オバマでないとするなら，最も裕福なアフリカ系アメリカ人女性であるオプラ・ウィンフリーであろう。オプラとオバマの関係は非常に密接で，経済学者のティム・ムーアとクレイグ・ガースウェイトによると，オプラによるオバマの支持は，2008年の大統領選挙で100万票に相当する価値があったとされている (Garthwaite and Moore 2008)。

むろん，ハリウッドのような大衆文化では，アフリカ系アメリカ人の主役抜擢が今まで以上に検討されるようになるであろう。さらに重要なことに，合衆国内の大手企業も，あらゆる人種に開かれた雇用機会の均等性を宣伝することが企業利益になることを見出し，（それまで白人男性ばかりであった）会社の重役や最高執行役員などの目立つポジションにより多くのマイノリティが抜擢されるようになるであろう。

オバマが社会に与え続けている影響を知るには，5年もあれば十分であろう (Sniderman and Piazza 1993; Sniderman et al., eds. 1993)。5歳の子供は大統領を「完全無欠な人間」とみなす傾向があり (Sears 1987)，子供に白人とアフリカ系アメリカ人の人形で遊ばせて，どちらの方がよいか尋ねるという古典的な実験を行ってみるとよい (Guinier 2004)。昔ながらの公民権運動家はオバマへの疑念を払拭しきれないとしても，若者や子供の人種／アイデンティティに対する態度はとても柔軟に変化するのである。

(2) 日本への影響

自由貿易対保護主義に対するオバマの最終的な立場に依存して，もしオバマが日本製品の輸入を差し止めるために保護貿易に転じるなら，日本は新たな「ジャップバッシング」に直面し，日系アメリカ人はさらにひどい人種差別に苦しむことになるであろう。筆者はかつてミシガン州（米国自動車産業の本拠地）に居住したことがある日系アメリカ人であり，1985年から1989年にかけて起こった第2次世界大戦以降最悪の「ジャップバッシング」を経験した。このようなバッシングは，米国内の失業者を増加させた日本との貿易摩擦によって引き起こされた。

何より重要なのは，もしオバマがかつて世界恐慌時にホーリー・スムート関税 (Hawley-Smoot Tariff) が導入されたような誤りを繰り返し，世界大恐慌以来最悪であるといわれるこの地球規模の金融危機のさなかに保護貿易を強行するようなことがあるなら，日本を含む世界経済は，不況どころか恐慌という事態にまで悪化する可能性がある。オバマは，任期中の最初の1〜2年は自由貿易に沿った財政政策によってまず景気刺激策

を試みるであろう。しかし，オバマは再選を控えた3～4年目には，景気も回復されているはずであるから，新しい「ラストベルト」連合の重要な支持者に「借りを返す」ため，保護主義の採用を試みるかも知れない。

(3) オバマの評価

オバマは，大統領選挙において人種の壁を打ち破り，すでに歴史的な偉業を成し遂げた。オバマは，「黒人」ではなく「アフリカ系アメリカ人」という表現を使うことに現実的な意味を与えた。しかし，オバマが支持者の期待に応え，偉大な大統領と賞賛されるためには，彼が約束した連邦政府支出によって経済成長が達成される必要がある。しかし，連邦政府による支出が浪費となり，それによってインフレが引き起こされると，ドルの価値に影響が出る (Feldstein and Horioka 1980) だけでなく，インフレ悪化の阻止を掲げる共和党が勢力を盛り返すであろう。オバマは投票者にアイデンティティと経済のトレードオフを迫り，2008年の大統領選挙で当選することに成功した。しかし，インフレと失業のどちらを取るかという仮説的なトレードオフ関係は，経済学で最も難解かつ複雑な命題である (Mankiw and Reis 2002)。結局，オバマ政権の評価は，この2つ目のトレードオフをどのように切り抜けるかにかかっている。

注
1 経済学では，これを補償変分 (compensating variation) あるいは等価変分 (equivalent variation) と呼ぶことがある。つまり，人種差別は (喫煙などと同様に)「負の外部性」を示すものであると考えられている。これは一般社会が人種差別主義者 (通常は白人) に一定金額を支給して人種差別に歯止めをかけることで，社会全体としてより大きな利益をえようという性質のものであるからである。「負の外部性」としての人種差別の抑止は社会全体によりよい影響をもたらすという理由から，人種差別の禁止を求められた人々は一定額の利益をえることができる。
2 これは，公共経済学における「補償原理」に基づいている。すなわち，政策の変更の勝者から敗者に対して，敗者が経験する否定的インパクトを補償するために，金銭または同種の支払いが行われるというものである。

3 オバマと筆者が通ったプナホウ・スクール（ハワイ州ホノルル）は，オバマの卒業当時，国連経済社会理事会によって世界第2位の高校に格付けされていた。最終的には，オバマはコロンビア大学，ハーヴァード大学ロースクールというコースを辿った。

4 このことは，オバマの教師であったパル・エルドリッジによっても認められている。http://www.obamasneighborhood.com/punahou.html.

5 ハワイ準州の初代知事であるサンフォード・B・ドール，ドールの従弟で，世界的に有名なドール・フード・カンパニーを創業したパイナップル王ジェームズ・ドール（途上国の労働者を搾取し告発されたことで知られる）が含まれる。

6 http://edition.cnn.com/2008/POLITICS/07/09/jesse.jackson.comment/.

7 実際には，自立的な黒人に対して使われる「生意気（uppity）」という差別表現が使われた。

8 この原則は，「ミシガン大学におけるアファーマティヴ・アクション」に関する判決，2003年のグラッツ対ボリンジャー事件（539 U.S. 244）でも支持されている。

9 http://en.wikipedia.org/wiki/Akaka_Bill.

10 "Washington Talk: Political Operatives; Remember Pat Cadell, Boy Star? So Do Capital's Insiders, and How,!" *New York Times,* Nov. 12, 1987. キャデルは「New Coke」ブランドを手がけ，同様の方法で政治家をブランド名に仕立てている。

11 オバマは，「テレビに備えよ（save for the Tube（TV））」，「ワシントンに対抗せよ（run against Washington）」，「期待を抑えよ（keep expectations low）」など，「大統領になる」ための政治学のルールを研究し遵守する抜け目のない政治家ぶりを披露している。

12 http://www.disabled-world.com/artman/publish/famous-amputees.shtml で，イノウエは「有名な」傷痍退役軍人と紹介されている。

13 Institute of Medicine of the National Academies, "Insuring America's Health: Principles and Recommendations." http://en.wikipedia.org/wiki/Universal_health_care#cite_note-69 に引用されている。

14 全盛期の1924年頃，クー・クラックス・クランのメンバーのほとんどは中西部に住んでいた。http://en.wikipedia.org/wiki/Ku_Klux_Klan#Political_influence.

参考文献

Alesina, Alberto, and Jeffrey Sachs. 1988. "Political Parties and the Business Cycle in the United States, 1948-1984." *Journal of Money, Credit, and Banking* 20: 63-82.

Alesina, Alberto, and Howard Rosenthal. 1989. "Partisan Cycles in Congressional Elections and the Macroeconomy." *American Political Science Review*

83:373-398.

Alesina, Alberto, and Nouriel Roubini. 1992. "Political Cycles in OECD Economies." *Review of Economic Studies* 59: 663-688.

Ashenfelter, Orley, and Cecilia Rouse. 1998. "Income, Schooling, and Ability: Evidence from A New Sample of Identical Twins." *Quarterly Journal of Economics* 113: 253-284.

Black, Duncan. 1948. "On the Rationale of Group Decision-making." *Journal of Political Economy* 56: 23-34.

Downs, Anthony. 1957. *An Economic Theory of Democracy.* New York: Harper.

Feldstein, Martin, and Charles Horioka. 1980. "Domestic Savings and International Capital Flows." *Economic Journal* 90 :314-329.

Fiske, Alan Page, and Philip E. Tetlock. 1997. "Taboo Trade-offs: Reactions to Transactions That Transgress the Spheres of Justice." *Political Psychology* 18:255-297.

Garthwaite,Craig, and Timothy J. Moore. 2008. "The Role of Celebrity Endorsements in Politics: Oprah, Obama, and the 2008 Democratic Primary." http://www.econ.umd.edu/~garthwaite/ celebrityendorsements_ garthwaitemoore.

Geanakoplos, John D. and Heraklis M. Polemarchakis. 1985. "Existence, Regularity, and Constrained Suboptimality of Competitive Allocations when the Asset Market is Incomplete." Cowles Foundation Paper#652. http://cowles.econ.yale.edu/ ~gean/ art/p0652.pdf.

Geanakoplos, J.D., M. Magill M. Quinzii and J. Drèze. 1990. "Generic Inefficiency of Stock Market Equilibrium When Markets are Incomplete." *Journal of Mathematical Economics* 19:113-151.

Green, Donald P., Jack Glaser, and Andrew Rich. 1998. "From Lynching to Gay Bashing: The Elusive Connection Between Economic Conditions and Hate Crime." *Journal of Personality and Social Psychology* 75:82-92.

Greenberg, Stanley B. 1995. *Middle Class Dreams: Politics and Power of the New American Majority.* New Haven: Yale University Press.

Guinier, Lani. 2004. "From Racial Liberalism to Racial Literacy: Brown v. Board of Education and the Interest-Divergence." *Journal of American History* 91:.92-118.

Kohlberg, Lawrence. 1981. *The Philosophy of Moral Development: Moral Stages and the Idea of Justice.* San Francisco: Harper & Row.

Mankiw, N. Gregory, and Ricardo Reis. 2002. "Sticky Information Versus Sticky Prices: A Proposal to Replace the New Keynesian Phillips Curve." *Quarterly Journal of Economics* 117:1295-1328.

Mincer, Jacob. 1958. "Investment in Human Capital and Personal Income Distribution." *Journal of Political Economy* 66:281-302.

Plissner, Martin. 2000. *The Control Room: How Television Calls the Shots in Presidential Elections*. New York: Free Press.

Romer, Paul M. 1989. " Human Capital and Growth: Theory and Evidence." *NBER Working Paper W3173*.

Sears, David O. 1983. "The Person-Positivity Bias." *Journal of Personality and Social Psychology* 44: 233-250.

Sears, David O. 1987. "Political Psychology." *Annual Reviews in Psychology* 38:229-255.

Sniderman Paul M., and Thomas Piazza. 1993. *The Scar of Race*. Cambridge: Harvard University Press.

Sniderman, Paul M., Philop E. Tetlock, and Edward G. Carmines, eds. 1993. *Prejudice, Politics, and the American Dilemma*. Stanford: Stanford University Press.

Taylor, Shelley E., Susan T. Fiske, Nancy L. Etcoff, and Audrey J. Ruderman. 1978. "Categorical and Contextual Bases of Person Memory and Stereotyping." *Journal of Personality and Social Psychology* 36:778-793.

第5章　宗教右派の影響力

上坂　昇

第1節　宗教票の動き

「バラク・オバマは肌の色のおかげで勝ったのではない。肌の色にもかかわらず勝ったのでもない。まだ若いこの国が重大な危機に瀕しているとき，かつてないほどの多くの人が声をあげ，この国を共に救いに来たから勝ったのだ」[1]とオバマを特集した『タイム』誌は結論づけた。しかも，オバマ候補はアメリカ史上，誰よりも多くの票を獲得するという快挙をなしとげたのだから，これまでのアメリカ史の汚点である人種差別問題はどこへ行ってしまったのか，と思わざるをえないのだ。

投票所の出口調査によると，オバマ支持が圧倒的であったのは，黒人，次いで若者全体，マイノリティ全般となっている。ここで注目すべきは，白人全体としてのオバマ支持は43％にとどまっていることだ。白人男性では41％と，ジョン・マケインとの差は16ポイント，65歳以上では18ポイントもある。この差は，将来のオバマの政権運営になんらかの影響を与える潜在的な要素となるかもしれない。

投票直後のABCニュースの世論調査（2008年12月19日〜2009年1月4日に実施）では，オバマの当選が黒人の進歩になると答えた人が，白人も黒人も65％前後でほぼ同じだったが，黒人大統領の誕生でアメリカ人であることを以前よりも誇りに思うかについては，「思う」と答えた人は，黒人が55％に対して白人は32％ときわめて低い。選挙運動中のオバマ・フィーバーが冷めて，改めてオバマ次期大統領を見直したとき，アメリカ人の気持ちはこのような数字になるのか，と考えさせられたものだ。

オバマは，選挙中に（大統領就任演説でも）赤い州（共和党優勢の州）も青

い州（民主党優勢の州）もなく，白人も黒人もなく，ゲイもストレートもなく，あるのはアメリカ合衆国だと述べ，アメリカ国民に一致団結，統一を呼びかけ，多くの支持を得るのに成功した。敗北した共和党側は，最初から中道リベラルの候補が有力になり，宗教右派が一致して押せるような候補が出なかった。中盤から抜けでたマケイン候補も，2000年選挙で宗教右派をこき下ろしていたので，最初から冷たい反応しかえられなかった。サラ・ペイリン（アラスカ州知事）を副大統領に指名してから，マケイン陣営はわずかながら宗教右派の支持を盛り上げたかにみえた。しかし，ペイリンの資質に問題があるという批判が出て，またマスコミの偏った報道もあり，一般の支持が伸びずに敗北した。

　1981年にロナルド・レーガン大統領の誕生に大きな役割を果たして以来，アメリカ政治において隠然とした力を維持してきた宗教右派ではあるが，2008年選挙ではかつてないほど団結力が弱まり，大統領選挙，議会選挙とも共和党を勝たせることができなかった。勝利を誇れるのは，わずかに3つの州民投票で同性結婚禁止を勝ち取ったことくらいだ。それに加えて，保守的なクリスチャンの代表であるエヴァンジェリカル（福音派）の一部が中道寄りに傾き，あろうことか，リベラル派の民主党候補を支持するという，これまでの政治常識では考えられない現象が起こってしまった。

　本章では，アメリカ史上かつてなかった大変化が「イェス・ウィー・キャン」の大合唱のもとで起こった2008年選挙で，宗教右派の共和党支援の選挙運動がなぜ十分な力を発揮できなかったのか，逆になぜオバマ陣営がリベラルな公約を維持しながら保守派宗教勢力の一部を味方につけることに成功したのかを分析してみる。そして，オバマは政権運営において，主要な支持母体であるリベラル派やマイノリティの期待・要求と，これら中道寄りエヴァンジェリカルの信仰にもとづく期待・要求とを，どのようにバランスを取っていくのだろうか。すべての違いを超えて団結しようという選挙運動の掛け声は，現実の政策実現の過程ではどこまで通用するのだろうか。

(1) 宗派・教派別の投票行動

　過去の民主党大統領候補と比べて，オバマ候補は宗教票を増やしている。プロテスタントについては，2000年のアル・ゴア候補は42％，2004年のジョン・ケリー候補は40％の支持を得たが，オバマは45％を獲得している。カトリック，ユダヤ系についても，同じく過去より増えている。もちろん，共和党候補を上回ることはできないが，注目すべきはエヴァンジェリカルとボーンアゲイン（生まれ変わったクリスチャン）という保守的なクリスチャンの支持を伸ばしていることだ。この増加部分が，近年よく指摘される若手の新しいタイプのエヴァンジェリカルとみてよい。

　ボーンアゲインのマケイン候補支持73％に比べれば，オバマ支持26％は約3分の1だが，前回のケリーより5ポイント増加した意味は大きい。オバマと中絶や同性愛で見解を異にし，宗教右派の中心勢力となっている集団から，わずかでも支持を獲得したことは，オバマの信仰心と宗教右派戦略が成果を挙げた結果だろう。さらに，カトリックについては，カトリックであるケリーの支持率を7ポイントも上回ったことは大きな成果だが，白人カトリックについては，マケインに5ポイント負けていることを忘れてはならない。ヒスパニックのカトリックによって支持率を上げたのだ。ユダヤ系の支持率増加も，今後のイスラエル・パレスチナ問題に影響を与えるだろう[2]。

(2) 宗教票の中身と投票行動

　教会に行く回数の多い熱心なクリスチャンは，圧倒的にマケイン支持である。週に1回あるいはそれ以上教会に行く人の55％がマケインを支持したのに対して，オバマ支持は43％と12ポイントの差がある。逆に，年に数回しか教会に行かない，あまり熱心でないクリスチャンのオバマ支持は59％と過半数を超えているのに対して，マケイン支持はなんと33％しかない[3]。信仰心の度合いと2大政党の支持率は反比例していることがよく示されている。

にもかかわらず，教会に行く回数の多い熱心なクリスチャンのオバマ支持率が前回選挙でのケリー支持率より8ポイント増えたのは，前述したように主としてエヴァンジェリカルやボーンアゲインの支持率の増加とみてよい。共和党と民主党の間にあった「ゴッド・ギャップ」の改善こそ，オバマに勝利をもたらした大きな要因の1つである。オバマ陣営は，選挙戦初めからエヴァンジェリカルを重要な票田と意識しており，積極的に対話を重ねた。その成果が，エヴァンジェリカルの若手中道派による政治活動委員会（PAC political action committee），マタイ25ネットワーク（Matthew 25 Network）の創設である。オバマ選挙陣営の傘下ではなく，自主的な組織といわれる。

有権者がどのような宗派あるいは教派に属しているかは，その投票行動を分析するうえできわめて重要である。リベラルな集団が増えれば，リベラルな候補者は有利になるし，保守的な集団が増えれば，保守的な候補者の当選する確率は高まるからだ。2008年選挙の出口調査によれば，プロテスタントが54％，次にカトリック27％（白人19％），ユダヤ教2％となっている。白人プロテスタントだけをみると42％を占め，さらにそのなかで，エヴァンジェリカルとボーンアゲインが23％で，2004年選挙より3ポイント増加している。この3ポイント増がオバマの勝因に関係していると推定できるので，重要な変化である。

宗教右派の中心的存在であるエヴァンジェリカルについては，さまざまな統計数字があるので，正確な数字を示すことは困難だが，一般的には人口の約30％といわれる。宗教右派を理解するうえで，保守的なクリスチャンを意味するエヴァンジェリカル，ボーンアゲイン，ファンダメンタリスト（根本主義者，原理主義者）の違いを知っておく必要がある。メディアでは曖昧に使われているので，少々専門的に説明しておく[4]。

・ファンダメンタリスト――聖書の言葉を厳格に解釈する。その基本として次の5点を堅く信じる。①聖書の無謬性，②キリストの神性，処女降誕，③キリストの代理贖罪，④キリストの復活，⑤キリストの再臨。エヴァンジェリカルよりも頑迷なクリスチャンという意味

合いで使われることが多い。割合は，プロテスタントの10〜20％という調査結果がある。
- ボーンアゲイン——生まれ変わったクリスチャン，再生したクリスチャンなどと訳される。イエス・キリストとの個人的つながりをもち，それが人生において重要であること，罪を告白しているので死後は天国に行けることを信じ，イエスを救世主として認めている人を指す。
- エヴァンジェリカル——ボーンアゲインが前提条件で，次の7点を信じる。①信仰は人生で重要，②キリストに関する自らの宗教的信条をクリスチャンでない人と共有することに個人的責任を感じる，③悪魔の存在，④永遠の救済は祈りを通してのみ可能，⑤イエス・キリストはこの地上で無実の生を生きた，⑥聖書の教えはすべて正しい，⑦神は全知全能で，宇宙を創造し，今日でも宇宙を支配している。

リベラルな神学をもつ主流教会が信者を減らしているのに対して，エヴァンジェリカル系の教会は信者が増えている。これまでの政治常識では，エヴァンジェリカル増加は共和党にとっての票田が広がることになるのだが，2008年選挙ではその一部がオバマに流れてしまった。クリスチャンの間に，大きな地殻変動が起きようとしているのかもしれない。

第2節　大統領選挙と宗教右派

(1) 両候補の牧師との決別

宗教右派のご3家として，レーガン政権誕生に貢献し，モラル・マジョリティ創設者のジェリー・ファルウェル師 (2007年に死去)，クリスチャン連合 (Christian Coalition) 創設者のパット・ロバートソン師，家族フォーカス (Focus on the Family) 創設者で宗教右派のドンといわれているジェームズ・ドブソン (James Dobson) 博士が有名である。共通している運動目標は，聖書の教えに従って日々の家庭生活を送ること (プロ・ファミリー

運動),なかでも妊娠中絶の禁止(プロ・ライフ運動),同性結婚の禁止などがある。かつては,この3人がかなりの影響力を発揮して,選挙においても,議会ロビー活動においても,共和党最大の圧力団体として反中絶,反同性愛を政策立案に反映させてきた(上坂 2008: 30-34)。

しかし,今回の選挙では,ファルウェルはすでに亡く,ロバートソンも引退同様であり,運動らしきことを継続したのはドブソンだけである(2009年2月に会長職を辞したが,従来の活動は続けている)。しかも,共和党の大統領候補指名を目指した有力者で,宗教右派が一致して支持できる人はいないに等しかった。したがって,これまでの大統領選挙と比べると,選挙中の論戦でも信仰問題が表面化することはそれほど多くはなかった。それでも,アメリカがいかに宗教的な国であるかを示す出来事はいくつかある。

第1には,南部バプティストのリック・ウォーレン師(Rick Warren)(カリフォルニア州レイク・フォーレストのサドルバック教会牧師)が両候補を招いてフォーラムを開催し,全米にテレビ中継され注目を集めた。信仰のガイドブック『目標に導かれた人生(The Purpose Driven Life)』が3,000万部という超大ベストセラーとなり,かなり知名度があるとはいえ,現職牧師が2大政党の大統領候補を自分の教会に招いてフォーラムを開催するのは前例がないだろう。両候補は自らの信仰などについて別々に質問された。大統領就任式で祈りを捧げるという名誉ある機会を得たウォーレンは,アメリカで最も尊敬されている聖職者で歴代大統領とも親交をもったビリー・グラハム(Billy Graham)師の後継者とも一部ではいわれている。

第2に,オバマ,マケインとも,親交のある牧師の問題発言によって決別せざるをえなかったことがある。オバマ候補が20年来交際のあったジェレマイア・ライト師は,シカゴのトリニティ合同キリスト教会の牧師。白人の人種差別,神は白人を憎むなど,激しい白人憎悪をあらわにした説教がインターネットの動画サイト YouTube で流され,それがテレビ・ネットワークで何度も放映された。当初,オバマはライトを弁護

していたが，9.11同時多発テロはアメリカの自業自得，政府は黒人を抹殺するためにエイズ・ウイルスを開発したり，薬物を黒人に与えている，などと記者会見で発言してから，決別せざるをえなかった。この事件は，選挙戦に大きな打撃を与えたが，致命傷にはならなかった。とはいえ，苦渋の決断だったに違いない。オバマはライト牧師のトリニティ教会で洗礼を受けており，そのときの心境を自著で次のように書いているほどだからだ。「シカゴのサウスサイドであの十字架の前にひざまずきながら，わたしは神の聖霊に手招かれるのを感じた。そして，神の意志にみずからをゆだね，神の真実の発見にこの身を捧げた」(オバマ 2007: 232) と。

オバマがトリニティ教会に所属するきっかけとなったのは，ライト牧師の説教「希望を抱く大胆さ (Audacity of Hope)」に感銘したからだ。その説教の題名を2004年民主党大会での演説題目に使って衆目を驚かせた。それのみか，自伝の後に出版した本のタイトル（邦訳は『合衆国再生——大いなる希望を抱いて』。原題の副題は，「アメリカン・ドリーム再建の考察 Thoughts on Reclaiming the American Dream」）にも使って，大ベストセラーになっている。自伝によると，オバマはこの説教を聞いて涙を流したという（オバマ 2007: 361-363）。この説教は，オバマを大統領たらしめた1つの重要な概念となっているのだから，ライト牧師さまさまといっても過言ではないのだ。

他方，マケイン候補は，中絶や同性愛について保守派と同じ立場だが，2000年大統領選挙で宗教右派の指導者であるロバートソンとファルウェルを「不寛容の代理人」と酷評したため，それ以来ずっと嫌われていた。2004年選挙と2008年選挙で宗教右派との和解を図ったが，十分な信頼を得るには至っていなかった。そこに現れたのが，ユダヤ人を神から与えられた約束の地イスラエルに帰還させる運動，クリスチャン・シオニズムの代表として，近年目覚しい実績をあげているジョン・ヘイギー (John Hagee) 師であった。テキサス州サンアントニオのコーナーストーン教会（教会員1万9,000人）牧師として，アメリカのみならず世界のユダ

ヤ人の救済をするために資金集めを行っている。新しいタイプの宗教右派の指導者として注目されている（上坂 2008: 51-56）。

　一部のクリスチャンのなかには，いまだにユダヤ人を「キリスト殺し」として差別する傾向があるが，ヘイギーの運動はそうした誤解を正すことも目標に含めている。その親ユダヤ人であるはずの聖職者が，ホロコーストは神の計画，つまり神がヒトラーを使わし，ホロコーストを引き起こしたとする説教を10年前にしていたようで，その説教がYouTubeで流された。次いで，テレビ・ネットワークでも放映され，大きな論議を呼んだ。また，カトリック教会を背教者の教会と非難したことも，マスコミが大きく取り上げたために，マケインはヘイギーと決別せざるを得なかった。マケインは，宗教右派の一翼を失ったのである。

　ヘイギーのユダヤ人観は，じつに奇妙である。著書『エルサレム・カウントダウン』(Hagee 2006: 132-133) によると，神はユダヤ人がイスラエルに帰ることを希望し，漁師としてのシオニスト，狩人としてのヒトラーを出現させた。シオニストだけでは多くのユダヤ人が帰還しないので，狩人としてのヒトラーを送ったというのだ。これはヘイギーの旧約聖書「エレミヤ書」の解釈なのだが，どうしても反ユダヤ主義にみえてしまう。ヘイギーは，カトリック教会などのキリスト教にホロコーストの責任があるとも主張している。

(2) 宗教右派の内部分裂

　宗教右派を「不寛容の代理人」と酷評したマケインは，2008年選挙への出馬を決めてからファルウェルに謝罪した。ファルウェルが創立したリバティー大学卒業式での記念講演の機会を与えられるなど，マケインの関係修復の努力はある程度実ったのだが，宗教右派全体の支持を得るには至らなかった。マケインが宗教右派に不評なのは，中絶反対では宗教右派と同じなのだが，移民に寛容で，ES細胞（ヒト胚性幹細胞）研究を是認しているからだ。ES細胞研究は，受精卵からES細胞を取り出すために生命を破壊することになり，プロ・ライフ派にとっては，これは中

絶と同じく,許しがたい殺人行為なのである。

　宗教右派ご3家の1人,ロバートソン師は,今回の選挙ではあまり活動をしていないが,ルドルフ・ジュリアーニ前ニューヨーク市長を支持した。ジュリアーニ候補は,道徳・倫理問題ではかなりリベラルで,しかもカトリックでありながら2度も離婚しているのだ。それにもかかわらず,ロバートソンは,市長の9.11テロ後の対応が見事で,国をテロリストから守る愛国者として高く評価し,市長の中絶・同性愛容認には寛容な態度を示した。

　これと同じく意外だったのは,ファンダメンタリストの牙城ともいわれたボブ・ジョーンズ大学のボブ・ジョーンズ (Bob Jones) Ⅲ世総長と,保守的なクリスチャンと政治右派とを結びつけて宗教右派を構築したポール・ワイリック (2008年1月に死去) が,モルモン教徒のミット・ロムニー前マサチューセッツ州知事を支持したことである。モルモン教は一部ではキリスト教とは見なされず,一夫多妻制が禁止されているとはいえ,一般的には変わった宗教と見られているので,よくも大統領選挙に出馬したなと不思議に思った有権者が多かった。泡沫候補ではなく善戦できたのは,ロムニーの知事としての行政手腕,信仰は個人の問題で政治とは無関係と誠実に説明したからだろう(ちなみに,民主党の現院内総務,ハリー・リード (Harry Reid) もモルモン教徒であり,111議会の連邦議員では14人いる)。

　マケインが共和党の大統領候補として有力になってきたころ,宗教右派は一致団結してオバマ陣営に対抗するかと思われたのだが,内部の対立は解消しなかった。大統領選挙に出馬経験もあるゲリー・バウアー (Gary Bauer) 師(アメリカン・バリュー (American Values) 代表,かつてドブソンの下にいた)と南部バプティスト教会の議会対策責任者のリチャード・ランド (Richard Land) は,マケインは共和党候補として要件を満たしているので支持すべきだと主張した。ジュリアーニを大統領候補にしたら共和党は分裂するが,マケインならまとまれる,と宗教右派の団結を訴えた。しかし,ドブソンのマケイン批判はおさまらなかったどころか,「結

婚制度を守る憲法修正に反対し，ES細胞研究に賛成する候補を共和党が指名しようとしていることに深く落胆している。マケイン議員に投票することは私の良心が許さない」(Conn 2008)と公式声明まで出す始末である。とはいうものの，マケインが共和党の大統領候補指名を獲得して，ペイリンを副大統領候補に指名してから，ドブソンはマケインに「協力的(supportive)」になるが「支持(endorse)はしない」という態度に軟化した。ウォーレンが教会で行ったフォーラムで，マケインが結婚や生命の神聖さについて正しく述べていたこと，プロ・ライフでプロ・ファミリーのペイリンを副大統領に指名したことが軟化の原因とされる。ドブソンのペイリン評価はきわめて高い。ダウン症とわかっていながら出産したことから，プロ・ライフのなんたるかを訴える模範的な人生を歩んでいる，と判断したのだろう。

(3) 公然とした政教分離違反

　アメリカの政治と宗教を考えるうえで，今回の選挙で看過できない現象が明らかになった。政教分離の原則を公然と無視する聖職者が出てきたことと，その運動を支える法的支援組織が法廷闘争も辞さないと声を大にしていることだ。アメリカの教会は国税庁の規則で免税措置を受ける501(C)(3)団体に分類されているが，聖職者が信者を前にして，選挙中に特定の候補者を応援したり，支持することは禁じられている。有権者登録や投票所に行くように勧めることは規則に違反しないとされている。数年前からこうした運動を準備してきた宗教右派の法的支援組織である連合防衛基金(ADF Alliance Defense Fund)は，2008年9月28日を「説教檀が自由になる日曜日」と命名して，全国の聖職者に教会の説教檀からマケインを支持するように訴えるという運動を開始した。たとえば，マケインこそクリスチャンとして支持すべき候補者だと訴えるのである。あるいは，最も信仰の厚い人に投票すべきだ，それはマケインだ，という具合である。違法行為に参加すると意思表示したのは，わずかに30教会ほどだったという。ADFによれば，国税庁が聖職者の政治活

動を禁じるのは，憲法が保障する言論の自由と信教の自由に違反するという。政教分離を監視する団体は当然，ADFの違反行為を国税庁に告発しているので，いずれ法廷闘争になるのは必至である。アメリカ人の70％以上が教会の政治活動に反対しているので，ADFの支持者はあまり多くはないだろう（Boston 2008/11）。

　ペイリンの登場でやっと盛り上がった宗教右派の選挙活動が，いかにそれまで低調であったかは，代表的な宗教右派が年に1度集まる価値観投票者サミット（Values Voter Summit）の内容をみるとよくわかる。2008年9月の集会は，代表的な宗教右派団体であるトニー・パーキンス（Tony Perkins）の家族調査協議会（Family Research Council）を中心に，家族フォーカスやADFなどが共催している。宗教右派のいう価値観とは，プロ・ファミリーの倫理・道徳観のことで，ごく簡単にいえば中絶禁止と同性結婚禁止である。約2,000人を集めた2008年集会は，ペイリンの副大統領指名によって，やっと本物のプロ・ライフ候補が出現したとして大変なラブコールが起こったのに対して，マケインに対してはそれほど熱烈な支持表明はなかったという。故ファルウェルの息子ジョナサン・ファルウェル（Jonathan Falwell）師は，宗教右派が死んだなどといわれているが，われわれはアメリカを変革するために団結して闘っている，と述べた（Boston 2008/9）。その一方で，ADFが国税庁の規則に違反して，教会が特定候補を支持する権利を獲得しようと訴えているのは，いかにもちぐはぐの感じがする。

　2007年10月の価値観投票者サミットでは，共和党候補の上位にある者としてロムニー，ジュリアーニ，元アーカンソー州知事のマイク・ハッカビー師などが頭角を現していたが，ハッカビー以外は本来リベラルであるため，全体として盛り上がりに欠けた。マケインなどはまったく注目されなかった。インターネット投票を含めて候補者の人気投票が行われたが，ロムニーが1,595票で第1位，ハッカビーが30票差で第2位となった。しかし，サミット出席者のみによる投票では，ハッカビーが488票で第1位となり，第2位ロムニーの99票を5倍以上も上回った。マケ

インは最下位だった。ここでも，ドブソンが宗教右派を分裂させるような発言をしている。共和党がプロ・チョイス派を大統領候補に選んだなら，自分は第3政党の候補者に投票する，と主張したのだ。新党を結成するつもりはないし，第3政党が勝てないことも承知しているという。だからといって，2つの悪 (evil) から悪の程度の少ないほう (lesser) を選択するのも，結局は悪を選択することになるので，自分にはできないと述べた。と同時に，ドブソンは極左 (オバマなど民主党勢力) によるホワイトハウス，上院，下院の3部門の支配を懸念していることを，率直に吐露している (Boston 2007)。

(4) 投票日直前の反オバマ・キャンペーン

ドブソンの家族フォーカスの傘下にある家族フォーカス・アクション (Focus on the Family Action) は，オバマ政権が誕生したらアメリカがどのように変貌してしまうかを描いた「オバマのアメリカ2012年からの手紙」をウェブ上で公開した。手紙の本文では，選挙は接戦だったが，若いエヴァンジェリカルがオバマに投票したので，極左政権が誕生し，最高裁が判事の交代でリベラル派が6対3で多数派になり (2009年にアンソニー・ケネディ (Anthony Kennedy) 判事とアントニン・スカリア (Antonin Scalia) 判事が引退したことになっている)，同性結婚が全州で合法化され，中絶規制が廃止され，銃所有が禁止されてしまった，と1人のクリスチャンがオバマ政権下のアメリカを嘆く形式になっている[5]。これは，選挙のネガティブ・キャンペーンなので，どこまで正確かは不明だが，実際には，最高裁判事のジョン・スティーヴンズ (John P. Stevens) (88歳，最もリベラル)，ルース・ギンズバーグ (Ruth B. Ginsburg) (75歳)，スティーブン・ブライヤー (Stephen Breyer) (70歳) の引退がささやかれていた。しかし，実際には2009年5月に，デイビッド・スーター (69歳) が予想外の辞意表明を行った。いずれもリベラル派で，オバマは当然リベラル派を指名するので，かりに引退しても，保革のバランスは現在の5 (1人は中道の立場をとることもある) 対4のまま保守優位が続くのではないかと思う。

第5章　宗教右派の影響力　107

　オバマ候補がイスラム教徒というデマは，当選してからも続いているが，伝統ある雑誌とされる『ニューヨーカー』誌（2008年7月21号）の表紙にオバマ夫妻がイスラムの衣装姿で風刺画になった（大統領になってからも，『ニューヨーク・ポスト』紙で警官に射殺されたチンパンジーとして風刺画に使われ，昔ながらの黒人差別だという非難があった。その一方で，『ニューヨーカー』誌（2009年3月16日号）の表紙では，ファースト・レディのファッション・センスを称賛するようなイラストを使用している）。また，ミドルネームがフセインであることも，一部の一般有権者の疑惑につながったかもしれないが，世論調査ではイスラム教徒説を信じているのは10％程度で，投票行動に影響を与えるようなものではなかったはずだ。
　クリスチャンにとって，もっと気になった宗教右派による反オバマ・キャンペーンは，オバマが反（アンチ）キリスト（イエスがキリスト，つまり救世主であることを否定する人）ではないかというものだ。政治経験も少ない一大統領候補のオバマが，選挙中にヨーロッパや中東を歴訪して，ベルリンで20万人という大群衆を集めたことが，反キリスト説の生まれる原因の1つになっている。オバマのカリスマ性や，世界を変革・統一しようという主張が，なぜここまで人々の心に訴えるのか。アメリカの金融危機に端を発した世界的規模の経済・金融の混乱期にあっては，世界の超大国アメリカの新指導者に救世主の役割を期待しているのだろう。
　1970年代からアメリカに終末論を広げたハル・リンゼイ（Hal Lindsey）（邦訳『地球最後の日』の著者）は，オバマが反キリストとは断定せずに，反キリストが登場する前兆とみなす。今日の世界では，テロとの戦争，アフガニスタン，イラン，核の拡散，気候変動，原油の急騰，経済不況など，あまりにも多くの困難な問題があり，これらを解決するには，カリスマ性のある，また救世主的な人物の到来が求められている。オバマが信じがたいほどの大群衆を集めたことは，人々の心のなかに反キリストが受け入れられる用意のあることを示す前兆になった，とリンゼイは述べている。エヴァンジェリカルの多くは，終末論を冒険小説に仕立て

た大ベストセラー，宗教右派の指導者の１人であるティム・ラヘイ（Tim LaHaye）他著『レフトビハインド』シリーズを読んでいる。そのシリーズの１巻『トリビュレーション・フォース』(トリビュレーションとは聖書にある患難時代のこと）で反キリストと想定されているカルパチア国連事務総長と，あらゆる違いを克服してアメリカ統一を訴えているオバマとの類似点を，宗教右派は強調したのだろう。カルパチアは，国連のトップとして世界平和を目指しているようにみせながら，その権力を拡大して邪悪な反キリストの本性を現してくるという筋書きである。マケイン陣営は，オバマの反キリストを連想させる「ザ・ワン」のテレビ・コマーシャルを流している（上坂 2008: 3-5)。

(5) 宗教右派が勝利した州民投票

2008年の大統領選挙と議会選挙において，民主党が大統領府，上院，下院の３部門とも勝利したことによって，宗教右派の影響力が大きく後退したといわれている。極端な表現をするなら，宗教右派は死んだとさえいわれている。しかし，宗教右派にとってきわめて重要な反同性結婚運動では，３つの州レベルでは大きな戦果をあげている。まずは，あの最もリベラルな州ともいわれているカリフォルニア州で，同性結婚禁止を定めた州民投票（提案８号）が52％対48％で成立した。その文言は「男性と女性の間の結婚のみがカリフォルニア州では有効，あるいは認められる」というもの。カリフォルニアでは2000年選挙のさいにも，同じ内容の提案22号が成立したが，2008年５月の州最高裁が同性結婚を合憲という判決を下したために無効となってしまった。今回の勝利は，それを再度復活させたことになる。

当初の予想では，提案８号の成立は難しいとされていたが，宗教右派による教会組織の動員が功を奏して勝利した。オバマ候補が同性結婚には反対していることが，新聞広告やテレビ・コマーシャルなどを通じて黒人やヒスパニックに広く流された。教会などもその教宣活動に利用した。家族フォーカスや家族調査協議会などの宗教右派やカトリック教会,

モルモン教会は，多額の資金提供によってキャンペーンを支援した。この運動は，ディスインフォメーション（誤った情報による宣伝活動）の勝利といってもよい。というのは，オバマは確かに同性結婚には反対だが，同性カップルが異性夫婦と同じ法的な保護あるいは法的な権利を享受するシビル・ユニオンには賛成と公言している。また，憲法によって同性結婚を禁止することにも反対を明言している。同性結婚という制度は認められないが，かといってそれを憲法で禁止することにも賛成できないというのだ。この部分を反対派は隠して，同性結婚反対イコール憲法による同性結婚禁止に賛成することに置き換えて，黒人やマイノリティに訴えたことが成功したのである。その他，宗教右派によって，同性愛教育が公立学校で必修になるとか，教会は同性結婚式を執り行うことを強制されるなどの誤った情報が流された。

　出口調査によると，全体では52％対48％で同性結婚禁止が州民投票で成立したのだが，人種・民族別の内訳をみると，白人は49％対51％で提案反対が若干多いのだが，黒人はなんと70％対30％で，圧倒的に賛成派が多い。ヒスパニックは53％対47％，アジア系は49％対51％となっている。つまり，黒人の賛成票が同性結婚禁止の州民投票の結果を左右した，といっても過言ではないだろう。

　宗教右派は，カリフォルニア州と同時に，フロリダ州（62％対38％），アリゾナ州（56％対44％）でも，同じく同性結婚禁止を求める州民投票で勝利した。この結果，全米29州で憲法による同性結婚禁止が制度化された。宗教右派は，2003年にマサチューセッツ州で同性結婚が合法化されてから，莫大な資金と人材を投じて同性結婚の合法化阻止に取り組んできた。1998年のアーカンソー州に始まり，2002年には合計6州で憲法による同性結婚禁止に成功していたが，2004年には一気に13州で成立させた。2005年には2州，2006年には8州，今回の3州で合計29州が憲法によって同性結婚を禁止したのである[6]。

　同性結婚の禁止では，宗教右派は3戦3勝であったが，その他の勝利としては，アーカンソー州で同性愛カップルによる養子縁組を禁止する

州民投票も，57％対43％で成立していることがあげられる。逆に，敗北した中絶関連の州民投票としては，コロラド州で「ヒトの生命は受精の瞬間から始まる」は27％対73％で敗れている。またサウスダコタ州でも「すべての中絶を禁止する」という，きわめて過激な提案は44％対56％で敗れている。

第3節　オバマ新政権の宗教的側面

(1) オバマ陣営の宗教票へのアプローチ

　オバマの当選に大きく貢献した集団の1つとして忘れてならないのは，若手で保守色の薄い新しいタイプのエヴァンジェリカルの存在と，オバマ支援の政治活動委員会，マタイ25ネットワークの創設である。宗教左派が誕生したといえるかどうかは，議論の分かれるところだろうが，これまで民主党がエヴァンジェリカルとの関係が薄いことを反省したオバマの戦略が功を奏したといってよいだろう。この組織は，新約聖書「マタイによる福音書」第25章40節「そこで，王は答える。『はっきり言っておく。わたしの兄弟であるこの最も小さい者の1人にしたのは，わたしにしてくれたことなのである。』」を行動原理としている。つまり，弱者に手を差し伸べることは，神に対する行為と同じだということを述べている。40節以下では，手助けしなかった者は永遠の罰を受け，助けた者は永遠の命に預かるという意味のことが書かれている。マタイ25ネットワークのウェブサイト（Matthew25 NETWORK）では，信仰をもつ人の政治参加の重要性を説き，とくに聖句にあるように弱者を救済する社会運動が福音活動だと述べている。参加者はカトリックやプロテスタント，とくにエヴァンジェリカルなどである。

　オバマがプロ・チョイスであることが，多くのエヴァンジェリカルにとって支持の障害になっていることは当然だが，この組織の関連ウェブサイトの「プロ・ライフ―プロ・オバマ」（ProLife-ProObama）では，「プロ・ライフがオバマを支持できるだろうか。その答えは，少し考えてみれば

"できる"であることは疑う余地のないことである」という訴えを広めている。もちろんこれは、ある種のレトリックである。オバマがプロ・チョイスの政策を変更するわけではなく、妊娠した女性の健康ケア、出産休暇、養子縁組によって、中絶件数を大幅に削減すべく努力しようというのである。この主張は、今日の経済不況のほうが、人間の生命を脅かしているということを示唆しているようにもみえる。

　若い柔軟な考えをもつエヴァンジェリカルは、道徳・倫理問題だけではなく、宗派・教派を超えて地球環境や社会問題に関心をもつようになっている。若いクリスチャンを、モーセ (Moses) の後継者となってイスラエル建国の基礎を築いたヨシュア (Joshua) にちなんで「ヨシュア世代」と呼ぶことがある。オバマは、その信仰心と社会的弱者を優先する公約によって、自らはプロ・チョイスでありながらも、ほとんどがプロ・ライフであるエヴァンジェリカルの一部の支持を獲得するのに成功したのだ。これまで、共和党が信仰心の強いクリスチャンの支持を集め、民主党は少数のリベラル派クリスチャンの支持しか得られず、両党間にはゴッド・ギャップがあった。オバマはそのギャップをわずかでも縮めた、といえるだろう。

(2) 宗教左派の影響力

　オバマにとって幸運だったのは、エヴァンジェリカルの一部がエイズ、貧困、環境、人種間の融和などに目覚め始めていたことである。たとえば、エヴァンジェリカルは神学的理由からイスラエル寄りが当たり前だったのが、2007年7月のジョージ・W・ブッシュ大統領宛の書簡で、エヴァンジェリカルの代表的な指導者36人がイスラエル・パレスチナ和平交渉では2国家共存の方向での解決を要望している旨を公表した。この36人のなかには、一般には宗教左派の代表として注目されている『ソジョナーズ』(逗留者、滞在者) 誌の発行者で、貧困問題に取り組んでいるジム・ウォリス (Jim Wallis) 師が含まれている。

　ウォリスは、自身を革新的 (progressive) エヴァンジェリカルと呼んで

おり，宗教右派を批判するだけでなく，民主党指導部に対しても信仰心の厚い民主党員の考えをもっと考慮すべきである，と長年提唱してきた。2004年大統領選挙の翌年に出版した『神の政治』は，この種の本では珍しくベストセラーとなった。ブッシュの再選を阻止できなかった民主党への批判も実に興味深い。神は民主党員でも共和党員でもないと主張する一方で，宗教右派が支配する共和党から，本来の信仰を取り戻さなければならない，と説いた。また，中絶に関しては民主党の方針とは異なると断りながら，クリスチャンは革新的でありながらプロ・ライフの立場を維持できる，というのが持論である。民主党のプロ・チョイス派とプロ・ライフ派が協力し合って，10代の妊娠，養子縁組，低所得層の女性にもっと関心を払うことによって，望まない妊娠を劇的に減少させることができるからだ (Wallis 2005:11)。

　ウォリスによれば，民主党はアメリカ史で宗教が果たしてきた役割をもっと認識すべきだという。つまり，奴隷制の廃止から，女性参政権，公民権運動にいたるまで，宗教が社会改革の道を切り開いてきた。信仰が革新的な大義の運動を支え，導いてきたという長い歴史があることを強調する。民主党員には，信仰は個人的問題であって，政治生活とは無関係という人があまりにも多すぎる，とウォリスは批判する (Wallis 2005: 57-58)。こうした批判が理解され始めたのか，ウォリスの2008年の著作『大覚醒』では，アメリカがポスト宗教右派時代に入ったと断言している。エヴァンジェリカル聖職者の新しい世代が登場して，アメリカのみならずアフリカの貧困やエイズ，地球環境などの政治・社会問題に関心を払うようになった。ウォーレンもその1人だという。とりわけ，エヴァンジェリカルの「グリーン化」（つまり環境に関心をもつ）は，新しい主要な進歩として評価されている (Wallis 2008: 247)。

　これまでのエヴァンジェリカルは概して，環境問題について主流教会の人々より意識が低いことは明らかになっていたが，こうした新世代の台頭によって，2004年には「エヴァンジェリカル気候イニシアチブ」運動が立ち上げられ，地球に優しい生活への転換，政府への環境政策の要

請などが実施されている。運動の中心にあるのは，もちろん聖句である。代表的なものを紹介すると，「天にあるもの地にあるもの……万物は御子によって，御子のために造られました」（新約聖書「コロサイの信徒への手紙」第1章16節）とある。神の創造物である地球を大切にしようということだ。また，神の創造物を損なうことは，神への冒瀆であると考える。これに対して，宗教右派は，聖書の教えで大切なのは道徳・倫理問題であるとして，気候変動が人為的なものとは信じない人が多い（上坂 2008: 155-159）。

プロ・チョイスのオバマ新大統領と親交のあるウォリス師としては，政権となんらかの関係をもつ可能性が高いので，プロ・ライフの立場とどう折り合いをつけるのだろうか。新著では以前よりも明確な姿勢を示している。「私の宗教的・道徳的見解では，中絶は間違っている。たとえ，[中絶を受ける女性に]大きな困難や不平等という状況があっても，中絶は間違っている。私の公共政策上の見解には，あらゆる手段によって，まだ生まれていない生命を守るべきだという強い先入観がある。しかし，中絶を犯罪扱いする立場は取らない」（Wallis 2008: 331-332）。つまり，プロ・ライフの立場は守るが，宗教右派のように中絶を法律で禁止し，違反したら刑罰を科すようなことはしない。その代わり，望まない妊娠を防ぐための社会政策に積極的に取り組み，先進国では異常に高いアメリカの中絶件数を大幅に減らそうとしている。これなら，オバマ政権のもとで，各種の社会政策に協力できるというものだ。

(3) オバマ政権の"パッチワーク"

オバマ大統領は，選挙中から宗教勢力の支持を求めて，積極的にアプローチをしたことは前述したとおりだが，就任式の初めの祈祷にウォーレン師を指名したときには，リベラル派支持者から強い反対があった。一連の公約に合わない，もっと新政権にふさわしい聖職者を選ぶべきだ，という批判が高まった。ウォーレンは，エイズ，環境，貧困などへの取り組みを強調してはいるが，しょせんは反中絶，反同性愛（カリフォルニ

アの提案8号には賛成した)でオバマとは立場が異なり，宗教右派と同じであるというのだ。「ウォーレンはアロハ・シャツとジーンズ姿の，やさしく愛想のよいジェリー・ファルウェル」(Boston 2008)という批判や，ウォーレンが「社会的福音を進めるクリスチャンはマルキスト」[7]と発言したり，「同性結婚を近親相姦，肛門性交，一夫多妻になぞらえた」(Cohen 2008)こともあるので，リベラル派からは宗教右派と同一視されている。

　ウォーレンのイデオロギー的立場は複雑である。「あなたは右翼なのか左翼なのか，とよく聞かれるのだが，それに対して，私は鳥1羽(whole bird)と答えることにしている」という有名な言葉がある。ここから「鳥1羽キリスト教」という，すべての翼をそろえた包括的な考えを比喩的に表現する言葉が生まれている。つまり，左でも右でもなく，リベラルなキリスト教も保守的なキリスト教も，聖書の教えにかなったものと解釈されている。リベラル派は，この種のキリスト教が宗教右派の支配を切り崩してくれることを期待しているそうだ(Dionne 2008)。

　オバマは，政権運営でエヴァンジェリカルに協力を求めるために，選挙中から信頼関係を深めていたウォーレンに就任式の祈祷を任せたことは間違いない。しかし，リベラル派の支持者に反感をもたれないように，就任式の終わりの祈りである祝祷を，公民権運動のころから著名な黒人牧師で，キング牧師と南部キリスト教指導者会議を創設したジョゼフ・ロワリー(Joseph Lowery)師を起用した。その他，就任式関連の行事で，アメリカ聖公会の同性愛主教，ジーン・ロビンソン(Gene Robinson)師に祈りをさせている。これには，同性愛支持者の強力な圧力があったといわれる。このように，就任式という晴れの大舞台での役割分担においても，オバマは絶妙なバランスを取っているのが見てとれる。さらに，就任演説においては，宗教に関していえば，「われわれはキリスト教徒，イスラム教徒，ユダヤ教徒，ヒンズー教徒，そして無信仰の人の国である」とまで踏み込んだ発言をしている。アメリカ史上，大統領が就任演説で無信仰の人に呼びかけたことはないという。すべてを包み込もうとするオバマの貪欲な政治のバランス感覚は，どこまで効果が持続するの

か，これからが見物である。演説で「アメリカのパッチワークの遺産は強みであり，弱みではない」と指摘したのは，比喩として素晴らしいのだが，多様な人間の集団を繋ぎとめておくのは，それぞれがきわめて自己主張が強いだけに，大きな困難がともなうことは確かだろう。全体としては調和をつくりだす"パッチワーク"の見た目は美しいが，それぞれのつなぎ目はきちんと縫製してあるかが心配だ。

(4) 政教分離と「信仰にもとづくイニシアチブ」

　新世代のエヴァンジェリカルを取り込んだオバマ政権は，ブッシュ政権が力を入れ，その宗教右派勢力の育成に貢献した「信仰にもとづくイニシアチブ (FBI Faith Based Initiative)」を原則的に継承すると公約し，それを正式に実施に移した。リベラル派は猛反対である。明らかに政教分離に違反しているからだ。FBI はそもそも，1996年福祉改革法に盛り込まれた「チャリタブル・チョイス」，つまり福祉の受給者は宗教組織の慈善団体が政府資金を得て実施する福祉プログラムを選択できる，という方針を発展させたものだ。ブッシュは，これを大統領行政命令で明確に規定し，宗教団体が政府の社会政策事業に参加できるようにした。8年間のブッシュ政権下で，宗教右派団体の多くが政府資金で活動し，勢力拡大を図ったとされる。

　では，オバマは反対が予想される FBI を，なぜ優先政策の1つにしようとするのだろうか。まずは，政界に入る前にシカゴで社会福祉活動をしていた当時も，教会からの資金援助を受けてきた経験をもち，それなくしては活動が十分にできなかったという確信がある。さらに，人類は地球規模で多くの問題を抱え，大国アメリカでさえ，政府だけでは貧困をはじめとする諸問題を解決できなくなっている。すべての人が，それぞれの持ち場で力を発揮しないといけない。「信仰にもとづく団体が，政府や世俗の非営利団体にとって代わらなければいけないというのではない。信仰にもとづく団体が，個人の境遇を向上させるのにより適しているというつもりもない。要は，すべての人々が——キリスト教徒，ユ

ダヤ教徒，ヒンズー教徒，イスラム教徒，信仰のある人，信仰のない人を含めて——協力し合って，21世紀の挑戦に立ち向かっていかなくてはならないのだ」とオバマは述べている (Travers 2009)。

オバマとしては，政教分離の原則を尊重しながら，どのように宗教団体と政府とのパートナーシップを機能させていくのかが問題である。そこで，次のような原則を立てた。「連邦助成を得るには，援助の対象となる人々に入信や改宗を勧めることはできない。活動に参加するスタッフを雇用するさいにも，宗教を理由に差別をしてはならない」というものだ (Travers 2009)。宗教団体が慈善活動をするさいに，その行動基準となっている宗教を信じている人を優先的に採用したいのは当然だが，そうした採用基準は使えないのである。

新政権の発足と同時に，オバマ新大統領はFBIを実施するために，ホワイトハウス内に「信仰基盤・近隣パートナーシップ (FBNP Faith-Based and Neighborhood Partnerships)」のオフィスを設置する大統領行政命令に署名した。ホワイトハウスの報道資料によると，このプログラムの優先課題は，①政府の経済振興や貧困対策に地域の諸団体の参加を求める，②女性への支援によって望まない妊娠を防ぎ，中絶件数を減らす，③無職の若い男性に対する就職支援を通して，父たることに責任をもたせる，④世界の異教徒間の対話を促進する，の4点である。担当部署の開設にともない，25委員からなる大統領諮問委員会が設置された。プロテスタント，カトリック，世俗，少数民族，同性愛，保守，リベラルなど，さまざまな団体のリーダーが含まれている。エヴァンジェリカルでは革新的なウォリス，保守的なフランク・ペイジ (Frank Page) 南部バプティスト教会元代表，世俗の非営利団体代表で同性愛者のフレッド・デイヴィー (Fred Davie)，共和党員だが民主党大会で祈祷を担当したオバマの親友とされるジョエル・ハンター (Joel Hunter) (フロリダ州のメガチャーチ牧師) など，実にさまざまな立場の人がいる (Pulliam 2009)。この他に関心を集めたのは，FBIプログラムの責任者が弱冠26歳の黒人牧師であることだ。選挙中からエヴァンジェリカルなどの宗教票獲得という大

役を果たしたジョシュア・デュボイス (Joshua DuBois) は，オバマから絶大な信頼を得ている。あまりにも異なる聖職・非聖職のリーダーたちをFBIプログラムにどう結集させていくかが注目される。

　オバマ新大統領の公約であった超党派による議会運営はつまずいている。2009年2月に議会を通過したとはいえ，景気刺激法案に対する共和党の賛成は，下院ではゼロ，上院では3票しかなかった。アーレン・スペクターの民主党への移籍によって，上院では議事妨害を阻止できる60議席には達するかもしれないとはいえ，今後も共和党の協力は欠かせない立場にある。共和党から閣僚を起用するなどの努力をしても，実際の表決のさいには，それまでのイデオロギーを簡単に超えることはできないのだろう。

　同じことはエヴァンジェリカルの一部についてもいえる。若手のエヴァンジェリカルは，オバマの当選に貢献し，政権発足時には協力的な関係を保っている。とはいえ，たとえば中絶問題で大統領のプロ・チョイス的な考えを容認する用意があるとしても，プロ・チョイス派が成立を希望し，オバマが署名を約束している選択自由法案，つまりブッシュ政権8年間に設けられた，あらゆる中絶規制の法律や規則などをすべて撤廃する法案には，絶対に賛成できないはずである。

　ドブソンは，黒人初のオバマ大統領の誕生を祝福するとともに，オバマ一家のために祈っていると公言している。と同時に，今後も中絶と同性愛に反対する戦いを続けていくことを，支持者に強く訴えている。イギリスのウィンストン・チャーチル (Winston Churchill) 首相が，第2次世界大戦中に国民を鼓舞した言葉「決して降伏するな」を肝に銘じているというドブソンは，自分たちの戦闘部隊は前より小さいかもしれないが，聖句「もし神がわたしたちの味方であるならば，だれがわたしたちに敵対できますか」(新約聖書「ローマの信徒への手紙」第8章31節) を心に刻んで戦うことを宣言している (Dobson 2009)。「価値観投票者サミット」の主催者として宗教右派のなかで台頭著しいパーキンス (「家族調査協議会」) も，オバマが宗教グループとのパートナーシップを呼びかけている

ことを評価する一方で，FBIプログラムが貧しい女性に中絶を選択させるようなことにならないか，と懸念している (Perkins 2009)。

オバマ大統領にとって心強いのは，保守派からリベラル派にいたるまで，宗教団体のリーダー18人がまさに超党派で「貧困フォーラム」を組織し，2009年2月に貧困対策と中心とした包括的な社会政策を提案していることだ。左にはウォリス，右にはブッシュ前大統領のスピーチ・ライターで政策アドバイザーのマイケル・ガーソン (Michael Gerson) がいる。この集団のモットーは，ウォリスによれば，「政治的な差異を乗り越え，何が正しいか，何が機能するか，を追求することであり，左とか右，リベラルとか保守かを議論することではない」という (Lampman 2009)。貧困を国家の優先課題として，さまざまな考えの持ち主が政策提案をしていくことは，まさにオバマがアメリカ人すべてに求めていることにちがいない。

2008年大統領選挙で宗教右派が敗退したのは，いくつもの要因が重なった。共和党政権の失政で100年に1度の大不況を招いたことと，共和党候補に信仰心厚い人々にとって信頼すべき候補がいなかったことがあげられる。それに加えて，オバマがゴッド・ギャップを狭めて宗教票を上積みすることに成功し，巧みな演説やレトリックで若者やマイノリティの心をつかんだことだ。宗教右派が今後，オバマの信仰心と政策の矛盾をついてくることは明らかだ。選挙中は信仰を強調するだけでよかったが，大統領として最高の政策提案者として，どこまで選挙中に示したクリスチャンの心を保っていけるのか。すべてを取り込む包括的な呼びかけで結集した集団を，どのような形で満足させていくのか，課題はとてつもなく大きい。各集団の異なる要求や圧力で，オバマ政権は八方ふさがりになる危険性が高い。

就任早々，オバマ大統領は初の全国祈祷朝食会で明言した。「不一致が一晩で解消したり，長年持ち続けた考えや葛藤が突然なくなるとは思っていない。しかし，率直かつ正直に話し合えば，対立の溝は狭まり始め，新しいパートナーシップが生まれてくると信じている」[8]と。一見，

あまりにも楽観的すぎるようだが，一部のエヴァンジェリカルに変化が起こったように，こうしたオバマの信念が，これまでは不可能と思われたチェンジをもたらすのかもしれない。

注
1 『タイム』誌編『オバマ――ホワイトハウスへの道』ディスカヴァー・トゥエンティワン，2009年，90頁。
2 "How the Faithful Voted," Updated Nov.10, 2008. The Pew Forum on Religion & Public Life. http://pewforum.org/docs//DocID=367.
3 同上。
4 宗教に関する世論調査機関のバーナ社は，クリスチャンに関する調査結果を公表するさいに，このような説明を付記している。
5 "A Chilling Look at an Obama Presidency," October 22, 2008. Focus on the Family Action. http://www.citizenlink.org/content/A000008495.cfm.
6 "States With Voter-Approved Constitutional Bans on Same-Sex Marriage, 1998-2008," November 13, 2008. The Pew Forum on Religion & Public Life. http://pewforum.org/docs/ DocID=370.
7 "People for the American Way 'Profoundly Disappointed' that Rick Warren Will Give Invocation." December 17, 2008. People for the American Way. http://pfaw.org /site/PageServer? pagename=media_2008_12_people_for_disappointed_rick_warren.
8 "President Obama's Faith Speech." February 5, 2009. Christian Broadcasting Network. http:// www.cbn.com/CBNnews/535467.aspx.

引用文献
Boston, Rob. 2007. "A House Divided." *Church & State*, October. American United for Separation of Church and State. http://www.au.org.

Boston, Rob. 2008/9. "Inside the Values Voter Summit." *Church & State*, September, American United for Separation of Church and State. http://www.au.org.

Boston, Rob. 2008/11. "Pulpit Plot Thickens." *Church & State*, November. American United for Separation of Church and State. http://www.au.org.

Boston, Rob. 2008/12. "Inaugural Mistake: Rick Warren is the Wrong Man for Obama's Swearing-in." December 18. American United for Separation of Church and State. http:// www.au.org.

Cohen, Richard. 2008. "Warren On? Party Off." *Washington Post*, December 23.

Conn, Joseph L. 2008. "Unholy Hucksters." *Church & State*, March. Americans

United for Separation of Church and State. http://www.au.org.
Dionne Jr., E.J. 2008. "A Gamble for Obama." *Washington Post*, December 23. http://www. washingtonpost.com.
Dobson, James C. 2000. "Dr. Dobson's February Newsletter: America at the Crossroads of History." February. Focus on the Family. http://www.focusonthefamily.com.
Hagee, John. 2006. *Jerusalem Countdown*. Lake Mary, Florida. Front Line. Matthew25 NETWORK. http://www.matthew25.org.
Lampman, Jane. 2009. "Fight against Poverty Unites Christian Left and Right." *Christian Science Monitor*, February 18. http://www.csmonitor.com.
Perkins, Tony. 2009. "Washington Update: Faith-Based Politics." February 5. Family Research Council. http://www.frc.org.
ProLife-ProObama. http://www.prolifeproobama.com.
Pulliam, Sarah. 2009. "Obama Signs Executive Order on Faith-Based and Neighborhood Partnerships." February 5. Christianity Today. http://www.christianitytoday.com.
Travers, Karen. 2009. "Obama Names 26-Year-Old Director of Faith-Based Office." ABC News, February 5. http://www.abcnews.com.
Wallis, Jim. 2005. *God's Politics: Why Right Gets It Wrong and the Left Doesn't Get It.* New York: Harper Collins Publishers.
Wallis, Jim. 2008. *The Great Awakening: Reviving Faith & Politics in a Post Religious Right America.* New York: Harper Collins Publishers.
上坂昇，2008『神の国アメリカの論理 ―― 宗教右派によるイスラエル支援，中絶・同性結婚の否認』明石書店。
バラク・オバマ，2007／棚橋志行訳『合衆国再生 ―― 大いなる希望を抱いて』ダイヤモンド社。
バラク・オバマ，2007／白倉三紀子・木内裕也訳『マイ・ドリーム ―― バラク・オバマ自伝』ダイヤモンド社。

第6章 「変化(チェンジ)」は起こったのか：
選挙のアメリカ政治への教訓

コレット，クリスチャン

第1節　はじめに

　「期待できる変化（"Change we can believe in"）」「変化を生み出す十分な準備（"Ready for change"）」「変化が今そこに（"Change is coming"）」——。この3つはいずれも2008年の大統領選挙の主要3候補であるヒラリー・クリントン，ジョン・マケイン，バラク・オバマのスローガンだった。これをみても，「変化(チェンジ)」を求める米国の雰囲気は明らかである。任期末期のブッシュ大統領は過去半世紀の中で最も支持率が低く，連邦議会の支持率も3割程度しかない。さらに，100年に1度といわれる金融危機やイラク戦争によって失墜した米国の国際的威信など，米国民が2008年の選挙で新しい何かを求めようとした要因は数多い。

　選挙の結果，変化を求める国民の願いは達成された。46歳という若さ，連邦上院議員としては1期目，ミドルネームはイスラム信者を連想させる「フセイン」，コミュニティ活動家としての経歴，さらにいうまでもなく，2大政党で初めての非白人候補者——すべての点から，オバマは米国政治の変化を体現している。白人とアフリカ系の混血としての被差別体験，幼児期のインドネシアでの経験，イラク戦争に対する反対，白人が多いアイオワ州の小さな町での圧倒的な支持，さらには得意のバスケットボールのジャンプシュートや出身地ハワイへの度重なる旅行など，オバマ自身は革命的な存在である。

　米国内の「変化」を求める動きと，オバマの大統領選挙の勝利は海を超え，アジアだけでなく，世界中に大きな衝撃を与えている。ギャラップの一連の調査によると[1]，日本人はオバマに非常に好意的である。オ

バマ人気は，同じ名前の福井県の小浜市だけにとどまらず，オバマの演説集が東京の書店でベストセラーとなっているように，日本全国に及んでいる。ただ，問題となるのは，米国政治が実際に変わるのか，さらにはどんな変化が起こるのかという点である。

米国の日本に対する影響力は 弱まっているものの，米国は民主主義のモデルとして賞賛されている。しかし，国民の変化を求める動きを弱め，劇的な政策の変化を拒否するというのも，米国政治の重要な特徴であることを忘れてはならない。ロバート・ダールが説明するように，米国の政治は他の先進民主主義国と比べて「最も不透明で複雑で分かりにくく」，独特で矛盾点も少なくないため，政策が分かりにくく，非効率的であるという見方もある (Dahl 2003: 115)。さらに，政治についての世論の支持は低い中，民主・共和の党派性が非常に強くなっており，大胆な政策が決めにくいため，現状維持に落ち着く政治力学がさらに強くなるように思える。

「変化」が具現化された選挙結果と，変化にあらがう米国政治との矛盾を考えると，2008年選挙が実際の変化をもたらしたのかどうかという疑問に行き着く。この疑問を解くために，本章ではヒラリー・クリントンの選挙戦と夫のビル・クリントンの影響に注目しながら，2008年選挙の動きを分析する。ただ，本章を書いている2009年3月時点で，接戦で決着が遅れているミネソタ州選出の連邦上院議員選挙の結果や，オバマの後任となるイリノイ州選出上院議員の任命問題など，2008年選挙を分析する上で重要な結果が出てない点には注意も必要である。

第2節　オバマ，ヒラリー，そしてビル・クリントンの遺産

オバマは2007年2月10日，イリノイ州スプリングフィールドの旧州議会議事堂で大統領選挙への出馬を明らかにした。摂氏マイナス12度という厳寒の中，会場には，新しい変化を求める1万人を超える支持者が集まった。スプリングフィールドは南北戦争時の大統領だったリン

カーンのゆかりの地であり，オバマは同じくイリノイ州の選出で，出馬する際に連邦議会の経験が短いリンカーンとの共通点を求めていった。デラウェア州のジョー・バイデン，コネチカット州のクリストファー・J・ドッド，ノースカロライナ州のジョン・エドワーズら上院議員，そして前ファーストレディーのヒラリー・クリントンら政治的経験が豊富な民主党の他のライバルの中で，ワシントンでのアウトサイダーとしての自分を位置付けた。シーモア・マーチン・リプセットが指摘しているように，ワシントンのアウトサイダーであるということは米国的信条の本質であり，オバマにとっては，アウトサイダーであることが絶好の大衆へのアピールとなるのをシカゴでの経験から知っていた。2004年の民主党全国大会での名演説以来，オバマが聴衆を感動させ，選挙資金を集めることができるスターであることは広く知られてきた。ベストセラーとなった『マイドリーム：バラク・オバマ自伝』(原題は *Dreams of My Father*) の中で，若かりしときの過ちを含めて，オバマはこれまでの複雑な人生経験に詳しくふれているものの，出馬の段階で，オバマ自身の大統領としての政治的な信念については明確ではなく，保守派の評論家らは「オバマはあまりにエキゾチックである」と指摘した。実際，出馬を表明した後のオバマをめぐる記事の見出しは「米国はオバマを大統領に迎える準備ができているか」というものと，逆に「オバマは大統領になる準備ができているか」という2つが典型的だった。

　オバマが大統領選への出馬を明らかにした際の民主党のフロントランナーであったヒラリー・クリントンは，オバマとは全く別の問題を抱えていた。誰もがヒラリーのことをよく知っており，誰もがヒラリーに対する固定観念を持っていた。1993年の医療保険改革に代表されるように，ヒラリーは長年，政策形成にかかわっていたものの，上院議員としての経験はオバマと同様に短かった。そのため，ヒラリーの主席選挙戦略顧問のマーク・ペン (Mark Penn) は，夫のビルの遺産を継承する意味で，ヒラリーは擬似的な現職候補であり，「当選することが当たり前」の最有力候補であるとして，他の候補とは一線を画する戦略を立てた。ペンに

よると，ヒラリー陣営は，危機的な状況にある中，保守的な国家の指導者となる準備ができていない，リスクが大きい「反抗者」というレッテルをオバマに貼ろうとし，他の候補を圧倒しようとした。2006年末に書かれた内部メモによると，ペンは「ヒラリーは圧倒的な力があり，もし立候補した場合，有権者の支持も期待できる。ヒラリーは当選が確実視される候補であり，対立候補はヒラリーが出馬しないことを願い，出馬が確実になればなるほど，ヒラリーの出馬を懸念する声が大きくなるであろう。(中略)ヒラリーは経験豊かな指導者である。(中略)ぽっと出の候補者とは質が違う。謙遜するのは重要だが，リーダーシップこそ，我々の陣営が主張すべきである」[2]という。

　経験豊かな候補であることを主張するヒラリー陣営の戦略は，当初，うまくいき，選挙資金も集中したほか，ヒラリーを推す声も多く，世論調査では他の候補に20ポイントもの差をつけたこともあった[3]。しかし，実際の予備選挙では状況が異なっていた。フロント・ローディング現象の結果，1月3日と史上最も早い開始となったアイオワ州党員集会については，アイオワ州では州民の94％が白人であり，オバマではなく，エドワーズがヒラリーの最大のライバルであると考えられていた。ペンはアイオワ州に全力をかけることをヒラリーに進言し，勝利とならなくても，最低限2位につけ，続くニューハンプシャー州予備選挙での地盤を固めることを狙った。予備選挙での最初の戦いとなるアイオワ州で勝つことができれば，ビルの8年に続く，「第3期クリントン政権」の実現にぐっと近づくと考えられていた。

第3節　オバマの台頭，ヒラリーの反撃

　ペンは，ビル・クリントン政権時代に支持者を詳細に割り出す「マイクロターゲット戦略 (microtargeting)」で一躍有名になった世論調査専門家だったが，今回は米国民の世論を読み間違えた[4]。オバマのアイオワ州党員集会での余裕の勝利は驚くべきものであった。というのも，参加

したあらゆる主要なグループがオバマに投票していたためであり，経済や医療問題を心配する政治的中道派や，中間所得層，女性らからの支持を受けていた。エドワーズはオバマに次ぐ2位，ヒラリーは3位となり，有権者が既成政治家を拒否したのではないかという報道が集中した。ヒラリーは 戦略の軌道修正を迫られ，「大統領就任初日からリーダーシップをみせる準備がある ("ready to lead from day one")」というスローガンを採用し，オバマの代名詞となった「変化」と夫のビルが1992年の選挙戦で訴えた，効果的な政策を行う能力の2つを訴えた。ヒラリーの変わり身の早さを非難する左翼層もいたが，5日後のニューハンプシャー州予備選挙ではヒラリーが勝利した。勝利の背景にあったのが，成長を続け，安定していた1990年代の米国に対する郷愁の想いである[5]。ただ，ヒラリーを応援する夫ビルが，オバマに対して不適切な発言を繰り返したことで，ヒラリーの選挙戦にとって，ビルは厄介な存在となっていった。

　ニューハンプシャー州予備選挙に続いて注目された1月26日のサウスカロライナ州予備選挙では，オバマはヒラリーに28ポイントの差をつけて勝利した。この勝利で，候補者としてのオバマの正統性が確認されただけでなく，初のアフリカ系大統領の可能性も大きくなった。エドワーズは資金が底をつき，アイオワ州での善戦を繰り返すことはできず，サウスカロライナ州予備選挙の4日後に撤退を表明した。

　この段階で，民主党の予備選挙は人種，出身階層，ジェンダー，世代も違うオバマとヒラリーという2人の歴史的なマッチレースとなった。民主党の代議員選出制度は複雑であり，ネヴァダ州党員集会 (1月19日) のように獲得した代議員数の分配が分かりにくく，フロント・ローディング現象とともに，メディアの影響力がさらに大きくなった。さらに，候補の撤退も遅くなった。さらには，2月5日のスーパーチューズデーと3月5日のテキサス州とオハイオ州の予備選挙の結果，オバマとヒラリーのいずれの陣営も自分たちがフロントランナーであることを宣言することになった。ヒラリーはカリフォルニア州などの大規模集の予備選挙に勝利したが，勝利した州の数の上ではオバマが勝っており，ヒラリー

が力を入れなかったアイダホ州などの党員集会で得票を重ねた。

　この段階で，ヒラリーとオバマの支持者の差が歴然としてきた。ヒラリーの支持者の場合，年齢が高く，宗教的に熱心であり，居住地は田舎の地域だが，オバマの支持者はヒラリーよりも若く，都市部に住む率が多く，さらに裕福であった。また，女性やラテン系，早い段階で支持候補者を決めている層にはヒラリーは強かったのに対し，黒人，リベラル，そして，初めて投票する層がオバマの支持連合を形成していた。オバマの支持層を考えると，本選挙ではジョージ・W・ブッシュが大差で勝利した州の切り崩しを狙うことができるが，もし2004年選挙のような国民が2分した選挙になれる可能性があれば，ヒラリーの支持層はこれまでに民主党が勝利した州を確実に固めることができる。特に，2004年選挙でジョン・ケリーが負けた大きな原因となったオハイオ，フロリダ両州でヒラリーは強いというのが支持者たちの指摘だった。オバマでは危険すぎるという主張がここでも繰り返された。

第4節　ラッサートの「オバマ勝利宣言」

　重要な分岐点となったのが，ノースカロライナ州とインディアナ州の予備選挙が行われた5月6日の夜だった。オバマ陣営は2月中旬の各州での勝利を経て，指名獲得に十分な数の代議員を獲得できると考えていた。ノースカロライナ州では黒人の数も少なくなく，オバマ陣営は勝利が期待できた。これに対して，インディアナ州の方は白人が多く，田舎にあり，中西部というアイオワ州と同じ条件だったため，「オバマ大統領」を受け入れることができるかどうか，アイオワ州と同じような試金石となった。オバマとヒラリーのこれまでの戦いはヒラリーが最初に世論調査で大きくリードし，その後，選挙が近づくにつれ，オバマが巻き返すというパターンだったが，インディアナ州については，逆であった。指名獲得がこれだけ長期化するとはだれも予想していなかったため，インディアナ州予備選挙の直前6週間まで世論調査が始まっていなかった。

第6章　「変化」は起こったのか：選挙のアメリカ政治への教訓　127

　インディアナ州では有名な世論調査専門家のジョウ・アン・セルツァー（Jo Ann Selzer）らが行った『インディアナポリス・スター』の調査を含み，4月中旬の一連の世論調査ではオバマがヒラリーに対して若干，リードしていた。しかし，4月後半には，ヒラリーの方がオバマを上回った。インディアナ州は予備選挙だけであり，小規模な州の党員集会で功を奏してきた，支持者の組織を使ってのオバマ陣営の地上戦が有効ではない。2週間前のペンシルヴェニア州予備選挙での勝利後，オバマ陣営は「決着をつけるのはインディアナ州である」と大胆に宣言していた。

　ノースカロライナ州とインディアナ州の予備選挙が行われた5月6日の夜には，主要テレビ局や各CATVネットワークは，出口調査の結果からオバマの勝利が確実になったことをすぐに伝えた。しかし，インディアナ州の方は夜中になっても決着がつかなかった。2008年6月に亡くなったが，当時，テレビの政治評論家の中では最も尊敬されていたティム・ラッサート（Tim Russert）はMSNBC（ニュース専門放送局）に出演し，「オバマが民主党の指名候補となるのかがこれで明確になった。誰もこのことを疑えない」と宣言した。その数分後，ヒラリーはインディアナ州での勝利宣言を行ったが，演説の内容は献金を訴えるものであった。非常に希なことであり，ヒラリーの置かれた難しい現状を示していたのは言うまでもない。翌朝，実際に同州での僅差での勝利が確認されたが，同時にヒラリーが多額の借金をしていることも明らかになった。オバマが集める選挙資金はさらに増え続けていたため，大半の者がラッサートのオバマの勝利宣言を疑わなかった。オバマの選挙資金戦略と代議員獲得戦術でヒラリーは追い詰められ，この段階で勝負がついた。ただ，オバマが本選挙で勝利するためには，ヒラリーとの和解が必要である。マーチン・ウォッテンバーグ（Wattenberg 1991）が指摘しているように，1980年代に民主党が大統領選で振るわなかったのは，予備選挙の段階での党内の戦いで疲れ果て，選ばれた党候補者が党内の傷を癒すことができなかったことに関連している。4割ものヒラリー支持者が本選挙でマケインを支持するとし，マケインもヒラリー支持者の取り込みに躍起となっ

た。オバマとしては，ヒラリー支持者との融和という大きな課題に取り組まなければならなかった。

第5節　人種と和解

　人種の問題に関するクリントン夫妻の下手な対処の仕方は，選挙戦において確実に影響があった。ビルがオバマの選挙キャンペーンを「おとぎ話」と呼んだり，1984年と1988年のジェシー・ジャクソンによる本当の反乱と比較したりしたことに加えて，ヒラリー自身も，リンドン・B・ジョンソン大統領はマーチン・ルーサー・キングよりも公民権運動に対して大きな影響を与えたとほのめかすなどして物議をかもした。ヒラリー陣営の「午前3時」のテレビ広告が，危機が迫ったときにオバマは果たして安全な選択かどうかを問いかける含みをもたせたペンの作品であったが，テキサス州の予備選挙では選挙の人種的背景のおかげで激しく批判された（その広告では，寝室で幼い白人の子どもが眠っている様子を描写するのに暗く不気味な音楽が使われており，ナレーターの声が「午前3時，あなたの子どもたちは安心して眠っています。鳴っている電話を誰に取って欲しいですか」と問いかけていた）。インディアナ州のみならず，ウエストヴァージニア州とペンシルヴェニア州でヒラリーが勝利を収めたときの出口調査では，多くの白人がヒラリーに投票した際，人種が重要な問題だったと答えた。このようなヒラリーに対する支持の性質を考えると，クリントン夫妻は相変わらず心穏やかではなかった。インディアナ州の予備選挙の後のインタビューで，ヒラリーは自分に対する白人有権者の支持を，自分が広く支持を獲得している証拠であるとさえ主張した。「労働者階級の働き者のアメリカ人，白人のアメリカ人の間でのオバマ上院議員の支持は再び弱まってきている」，「ここに1つの流れが形成されつつある」とヒラリーは『USA トゥデー』に答えた[6]。同時に，クリントン夫妻は自分たち向けられた人種差別主義や，分断を促す政治手法についてのあらゆる示唆に対してさぞ立腹するようになっていたことだろう。2人は

第6章 「変化」は起こったのか：選挙のアメリカ政治への教訓　129

自分たちが人種に配慮している証拠としてクリントン大統領の南部での貧しい生い立ちや，公民権やアメリカの人種間対話に対するクリントン政権の貢献を引き合いに出した。追及された際，クリントン前大統領は，自分の退職後の事務所がニューヨークのハーレム地区にあることに言及さえした。

　一方，オバマ陣営はこうしたクリントン夫妻の人種差別主義をめぐる論争を煽りはしなかったが，かといってそれを鎮めようともしなかった。物議をかもしたシカゴのトリニティユナイテッド教会の牧師，ジェレマイア・ライト師との関係によってオバマが直面していた広範な批判を考えると，オバマ陣営はそうしたクリントン夫妻をめぐる動きは最終的にメディアの報道やリベラルな有権者が参加する予備選挙においてオバマの立場を強化するであろうということを理解していたのである。党内の統一に関する限り，より深刻な問題は変革というオバマの公約と，クリントン政権を明らかに懐かしむ気持ち，そしてクリントン政権の正負入り交じった遺産とを融和させることであった。選挙戦の初期においてオバマは自分とクリントン夫妻とを区別することに躍起になっていた。クリントン夫妻は健康保険改革を間違ったやり方で進めようとしたと主張し，1990年代の分断を促した政治やスキャンダルからの決別を意図した遠まわしな発言を行った（例えば，「現在問題となっているのは，後ろを向くのか，前を向くのかである」[7]という発言）。ネヴァダ州の党員集会の前，オバマは『レノガゼット・ジャーナル (Reno Gazette Journal)』に対して，「ロナルド・レーガンは，ニクソンともクリントンとも違う方法でアメリカの軌道を変えたと思う」と述べたが，それはクリントン前大統領から，オバマは共和党のイデオロギーを好んでいるに違いないとの怒りっぽい反発を招いた。オバマの選挙キャンペーンはスーパーチューズデーの前日に，1990年代を失われた政治的機会の時代として批判したビラによって，ヒラリーに対する直接的な攻撃に出た。そのビラには，「クリントンの8年間」は「全国の民主党員にとって大きな損失」[8]であったと書いてあった。6月の最後の予備選挙の後，ビルはリベリア訪問中のインタ

ビューにおいて「私は人種差別主義者ではない」と述べ，オバマに対して熱のこもらない祝辞を送っただけだった。今回指名を受けたオバマが大統領職に就く資格があるかと単刀直入に聞かれたクリントンは口ごもり，そして「かつて誰も大統領になる準備ができている者などいなかっただろう」[9]と述べるなど明らかに無関心な態度を示した。民主党支持者の立場からすればクリントンとオバマの緊張関係は，この秋にクリントン夫妻がどの程度熱心にオバマを応援するのか，そして今回の選挙戦が果たしてクリントンというブランドを取り返しがつかないくらい傷つけたのかどうか，という疑問を抱くのに十分であった。

　デンバーでの民主党全国大会は和解と，少なくともある程度は回復のための場を提供した。ヒラリーは堂々と優美に勝ちを譲ったが，彼女の支持者の多くは敗北を受け入れるのを拒否していた。全国大会前の8月21〜23日に『USA トゥデー』とギャラップが実施した世論調査によると，実に30％ものヒラリー支持者がマケインに投票する予定でいるか，まだ誰に投票するか決めかねていたのである。オバマ陣営はデンバーでの正式の指名にヒラリーの名前を載せること，すなわちヒラリーが獲得した選挙人に対してヒラリーに投票することを許可する手続き的処置に同意した。それは象徴的な意味合いをもつものだったが，それでも現代的な基準からするとやや危険なことであった。1968年シカゴにおける民主党大会の混乱以来，アメリカの政党は全国大会の議場およびその周辺での意見の相違を出来るだけ少なくするあらゆる手段を講じてきた。全国大会は全て筋書きがある催し物であるということは，テレビ時代におけるアメリカ政治にとって自明の理であり，とりわけメディア関係者は，果たして全国大会における膨大な出費が1週間の長きにわたる宣伝広告以上に実質的な何かをアメリカの民主政治に提供しているのかとの疑問を抱いてきた。

　政治学者，とりわけアメリカの民主政治は政党なしには「考えられない」とするE・E・シャットシュナイダーの言葉に同調する者たちに対して，2008年の出来事は筋書きが決まった戴冠式のように思われてい

る全国大会が，連合形成および有権者の教育という点でいまだに重要な役割を果しているということを証明してみせた。ヒラリーとビルの演説は，指名を受けたオバマに対する曖昧ではなくはっきりとした支持を示すものであり，マイルハイ・スタジアムの8万人を前にしたオバマの劇的な野外演説と共に，ニールセンの世論調査において民主党が1980年以来の高い支持率を獲得するのに貢献した。全国大会終了までに，マケインを選択肢として考慮するヒラリー支持者は5人に1人以下にまで減少し，オバマのリーダーとしての能力を認めるヒラリー支持者の割合は増加した[10]。民主党内は和解したのである。

1週間後にミネアポリスで開かれた共和党全国大会は，約3,900万人のアメリカ人が視聴し，さらなる熱狂を巻き起こした。マケインの新奇な副大統領候補者であるアラスカ州知事サラ・ペイリンに対する好奇心によって，共和党の支持率はとりわけ白人，男性，そして55歳以上の有権者の間で高まった[11]。マケインが世論調査における集計でオバマをリードした唯一の期間は事実，ペイリンがメディアの好意的な最初の取材攻勢を受けたミネアポリスでの共和党全国大会の直後に訪れたのである。最初の大統領候補者討論会，そして民主党の副大統領候補者ジョー・バイデンとペイリンの討論を受けての批判的な報道の後 (それでもなお討論会は6,900万人の視聴者を得て，歴史上2番目に視聴されたディベートとなった)，世論の支持は民主党へと傾き，投票日まで弱まることはなかった。選挙キャンペーンにおいてオバマとビル・クリントンが投票日の6日前まで一緒に姿を見せなかったということは悪影響を与えなかったようである[12]。オバマは6,900万票獲得したが，それはマケインを1,000万票上回った上，1996年に再選されたときのクリントンよりも2,000万票多いものだった。365票もの選挙人の票を得たオバマは，379票という第42代大統領クリントンの記録にほとんど肩を並べた。

第6節　オバマ連合と（ビル・）クリントン連合

　異なる出自や性格にも関わらず，オバマとクリントンは，少なくとも選挙においては全国的に支持を獲得した民主党候補者として多くの類似点があった。図6-1が示すように，1996年に再選されたクリントンと2008年のオバマとの主要な違いは，オバマが黒人票の95％を獲得したこと，初めて投票した有権者の間での支持が実質的に増加したことにある。動員のためのかなりの努力や，スペイン語での選挙活動にも関わらず，オバマはラティーノの支持を得るのに苦労し，結局クリントンが再選されたときよりも少ないラティーノの票しか獲得できなかった。南部の白人はビルとヒラリーの重要な支持基盤だったが，ますます保守化が進んでおり，オバマにとっては最大の弱点であった。しかしオバマはこれらの票を失った分を，若い有権者と大卒者のみならず，西部の郊外に住む白人の間で票を伸ばすことによって補った。重要なこととして，オバマは白人女性からも支持を獲得したということが指摘できるが，これ

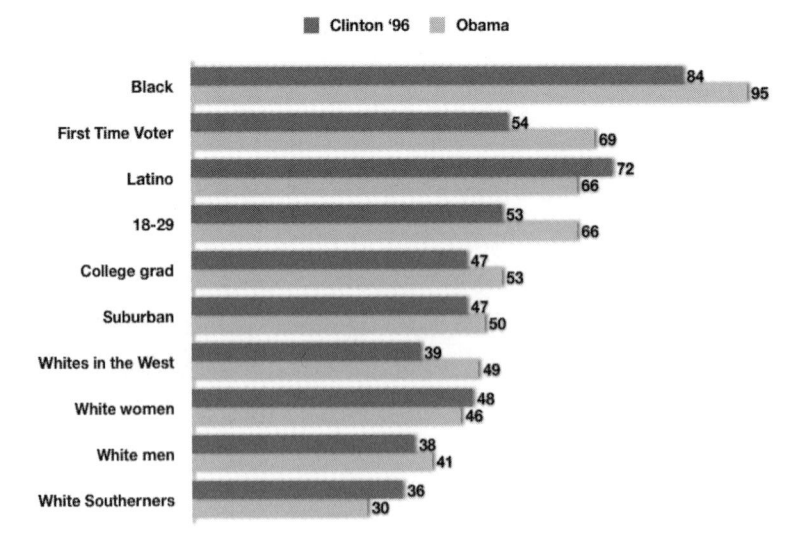

	Clinton '96	Obama
Black	84	95
First Time Voter	54	69
Latino	72	66
18-29	53	66
College grad	47	53
Suburban	47	50
Whites in the West	39	49
White women	48	46
White men	38	41
White Southerners	36	30

図6-1　オバマ連合と1996年クリントン連合の比較
出所：1996 and 2008 National Election Polls

は予備選挙でのヒラリーとの激しい選挙戦によってオバマが一般女性有権者からの支持を失ったわけではないということを示唆している。

第7節　人種の地理学

選挙における地理学的特徴という点では，オバマは最近の民主党候補者に比べて他にも重要な躍進を遂げた。ビル・クリントンの成功は南部における共和党の地盤を割ったことによるものであった。すなわち1996年において，クリントンはジョージ・ウォレス（George Wallace）が無所属で立候補したことによって共和党が分裂したときに1度だけ民主党が勝利を収めたに過ぎないルイジアナなどの州を獲得し，南部で合計44もの選挙人の票を得たのである。**図6-2**は，2008年（"Obama"）と1996

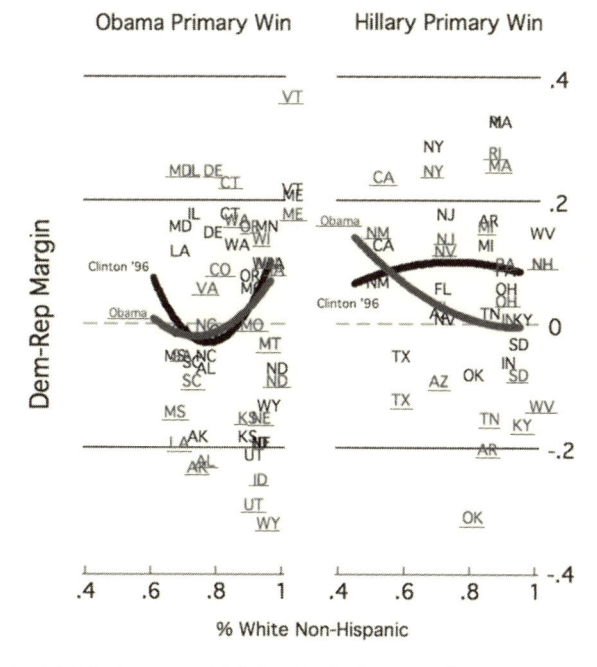

図6-2　1996年（"Clinton '96"）と2008年（"Obama"）における民主党候補者の共和党候補者に対する得票差と白人（非ヒスパニック）の割合との重ね合わせ散布図

年("Clinton '96")における民主党候補者と共和党候補者との一般得票率の差を州ごとに縦軸にとり,非ヒスパニックの白人の割合を横軸にとった重ね合わせ散布図だが,これによってオバマとクリントンの違いをより効率的に見ることができる。ここでは予備選挙の影響を説明するために,オバマとヒラリーそれぞれの予備選挙での勝敗によって州を分けて散布図を作成し,それらを並べた。

最初に,予備選挙でオバマが勝った州について見ると,オバマとビル・クリントン両候補者の間でいくつか似たパターンが確認できる。先にも述べたように,ビル・クリントンの強さは南部にあり,予備選挙においてオバマは黒人の支持を受けて勝利していたのにもかかわらず,クリントンの共和党候補者との得票差はルイジアナ,ミシシッピ,アラバマ3州においてオバマのそれを上回っている。対照的にオバマは,デラウェア,コネチカット,ヴァーモントなどの州においてクリントンよりも楽に勝利を収め,北西部のリベラルな有権者の間での高い人気を見せつけた。1996年には共和党候補者のボブ・ドールが勝利したヴァージニアとコロラドの2州は,2008年においてはオバマのものとなったが,これは圧倒的に白人が多いが,どんどん人種的多様さを増している2つの地域におけるオバマの伸張を示している。

図6-2右側の散布図に見られるとおり,2008年と1996年との違いが著しく,人種の影響がより明白なのは,ヒラリーが優勢だった州である。オバマはカリフォルニア,ネヴァダ,ニューメキシコ3州においてクリントンの得票率差を上回っているが,南西部のテキサス州やアリゾナ州(1996年にはクリントンが勝利したマケインの地元の州)ではクリントンと比べて結果が悪く,テネシー州やアーカンソー州を含む上南部ではさらに悪くなっている。上南部とアパラチア山脈地帯の効果は,実際,2人の候補者についての回帰直線の傾きの違いを説明するのに役立つ。ビル・クリントンの回帰直線はその妻であるヒラリーが予備選挙で勝利した州のグループでは水平であるのに対し,オバマの回帰直線は明らかに負の傾きを示している。オバマが最も特筆すべき健闘を見せたのは,長年に

わたる共和党の支持基盤であり，ジョン・ケリーがジョージ・W・ブッシュに20ポイント以上の差で敗北し，クリントンがドールに6ポイントもの差で敗北を喫したインディアナ州である。予備選挙における激しい戦いの影響はまた，オバマが1996年のクリントンと同じくらいの得票率差で勝利したペンシルヴェニア州にも見られる。もしオバマがヒラリーの挑戦に対抗するためにこれら2州に多くの資源を投入することを強いられることがなかったなら，これらの州の有権者がマケインよりもオバマを支持したかどうかは疑わしい。

第8節　選挙キャンペーンのテクノロジー，資金集め，草の根の組織

しかしながらオバマの選挙結果を示す地図よりも革命的なのは，全国レベルの選挙においてこれまでで最も洗練され，最新式の技術を備え，現実に対応していた彼の選挙キャンペーンである。すでに述べたように，オバマはロースクールを修了した後の最初の仕事を説明するのに「コミュニティ活動家」という言葉を積極的に使ったが，それは敵方の嘲りを受けた。しかしアメリカンフットボールの比喩を使って「地上戦」と表現されたオバマの草の根の組織は脅威として受け止められた。オバマの有権者登録を促すウェブサイトであるvoteforchange.comは単純なインターフェイス（**図6-3**）をもち，アメリカ全土に住む誰もがそれぞれの郡で有権者登録したり，すでに存在する有権者登録を確認したり，選挙当日の投票所の場所を調べることができた。さらに合計16億ドルにもおよぶ選挙キャンペーンによって集められた記録破り額の選挙資金は，大部分，オバマの選挙キャンペーンの洗練された寄付集め戦略の証明であり，ヒラリーやマケインから攻撃を受けるたびに速やかにそれを支持者に対する寄付の要請へと変換し成功を収めた。全体的に見て，選挙キャンペーンに使われた金額は2004年の2倍，1996年のクリントン再選の時の4倍であり，これは大統領選挙をめぐる政治からカネの奔流を除去し，選挙キャンペーンの資金集めにおける平等を実現しようとするいか

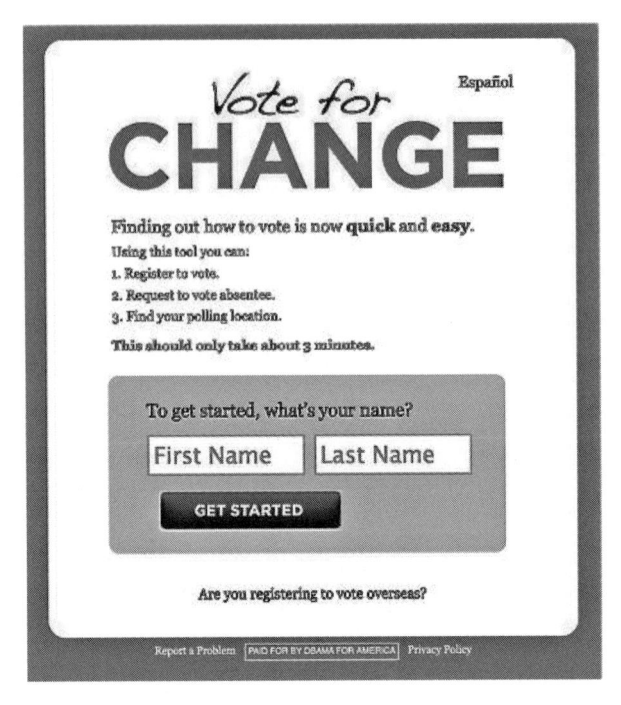

図6-3　オバマの全国有権者登録ウェブサイト（voteforchange.com）のスクリーンショット

なる努力も頓挫してきたということを意味している。

　テレビの視聴という意味において選挙キャンペーンが有権者の関心を大いに喚起するということはこれまでも知られているが，2008年はインターネットが選挙キャンペーンに関するニュースの情報源として劇的に登場し（図6-4），政治ブログやソーシャル・ネットワーキングのウェブサイト（例えばFacebook.com）が「新しい」主流メディアの一員として加わった年として記憶される可能性が高いであろう。有権者に働きかける上での候補者たちの成功は，世界で最も人気のあるビデオストリーミングとユーザーによるアップロードのためのウェブサイトであるYouTubeによって大いに促された。YouTubeはヒラリーとマケインの両方によって利用されたが，何度も両候補者は，失言や失策が起こってから数分以

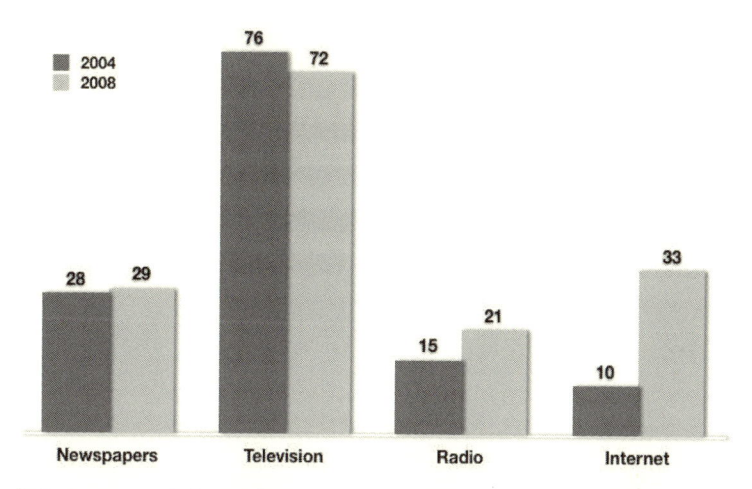

図6-4 アメリカ人の選挙キャンペーンに関するニュースの情報源の変遷，2004－2008年

出所："Internet New Major Source of Campaign News," Report for The Pew Research Center for People and the Press, October 31, 2008. http://people-press.org/report/467/internet-campaign-news.

内にサイト上にアップされ世界中のブログに貼られるという，恐るべき「YouTube的瞬間」の犠牲になった。こうした現象は，多くの場合悪いニュースがウェブ上を駆け巡るスピードを強調した「ウイルス的に振舞う（go viral）」という新しい語法が登場するのに一役買った。

YouTubeにおいてオバマは，ほとんどの場合好意的な扱いを受けたが，否定的な扱いもあり，おそらく最も存在感を放っていた。最も視聴された2つの選挙キャンペーンのビデオ——will.i.amの人々を鼓舞する"Yes We Can"（視聴者1,380万人），政治活動委員会の共和党多数派キャンペーン（Republican Majority Campaign）が製作したオバマに批判的な"Dear Mr. Obama"（視聴者1,320万人）——はオバマを中心に配していた。3番目に多かったビデオ，"Vote Different"（視聴者550万人）は，アップルの有名な"1984"の広告を模倣して製作された選挙戦初期における力強いオバマ支持の主張であった。公民権に関するオバマのフィラデルフィアでの演説ビデオ，"A More Perfect Union"は，ライト牧師に関する議論を受けてのものであり，550万回視聴されたが，それは実際の選挙キャンペー

ンのイベントのビデオ視聴回数としては最も多く，メディアによってすでに十分なされていた報道に対してフィルターがかかっていない情報をさらに付け加えるものであった。

第9節　2008年以降のアメリカの民主政治

　2008年においてアメリカの民主政治にとって何が変わったのかというこの論文の核心にある問題に対する答えは，そもそも推測の域を出ない。というのも，次の選挙が来たときに初めて今回の2008年選挙の影響が完全に理解されうるからである。初のアフリカ系アメリカ人の大統領の誕生は，西洋の民主政治の歴史において，そしてアメリカの公民権にとって革命的ではないにせよ疑いなく劇的な出来事であった。しかしながら，そのドラマや象徴的意味は民主政治が機能する過程自体のあり方に影を落とす恐れがあり，2008年選挙の重要性を評価する上で，誇張や見落としを招く可能性がある。

　選挙における連続性については多くのことが言える。選挙に関する基本的な地理学的特徴や人種をめぐるアメリカの政党制の働きは，今より極端になることはないにせよ，本質的に同じであるし，アメリカの民主政治は驚くべき勢いで増え続けているカネによって多大な影響を受けているし，アメリカ大統領選挙での戦いは，少なくとも過去25年間にわたって有権者の態度や世論を形成する上で重要だったアイオワ州の党員集会などの伝統的制度や，全国大会の会期などの特定の期間によってその趨勢が決まる，他に類をみないほど長引く催し物であり続ける。けれども，アメリカ政治に対して長期的な影響を与えるであろう2008年大統領選挙の特徴もいくつか存在する。

(1) ヴァージニア，コロラド，インディアナ：民主党多数派誕生の最初のドミノ？

　マイノリティの有権者の間でのオバマの今回の支持獲得は民主党の将

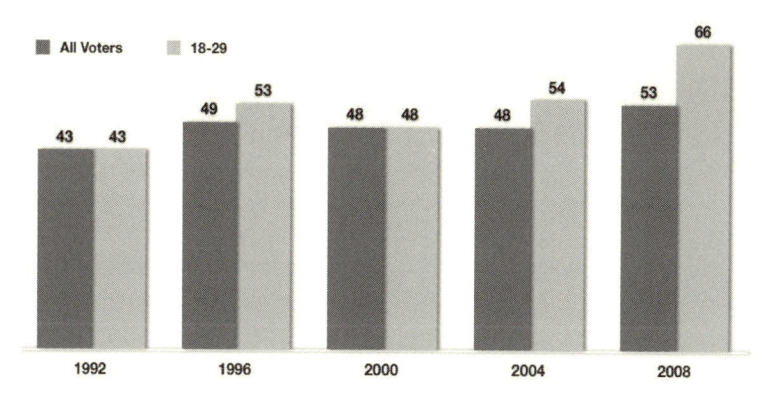

図6-5　若年層における民主党支持者の割合，1992-2008年

出所：Scott Keeter, Juliana Horowitz and Alec Tyson, "Young Voters in the 2008 Election," Report for the Pew Research Center for People and the Press, November 12, 2008. http://pewresearch.org/ pubs/ 1031/young-voters-in-the-2008-election.

来にとって良い兆しである。それは単純に，オバマが支持を求めるマイノリティの有権者層は今後も確実に拡大し続け重要性を増すと考えられるからである。またそれに加えて，**図6-5**に示されるように，世代別の投票傾向からも明るい兆しが見出せるかもしれない。すなわち若い有権者は2008年において，1990年代のクリントン夫妻の人気を凌ぐ形で，民主党に動員された。さらに，**図6-6**に見られるように，単純に有権者

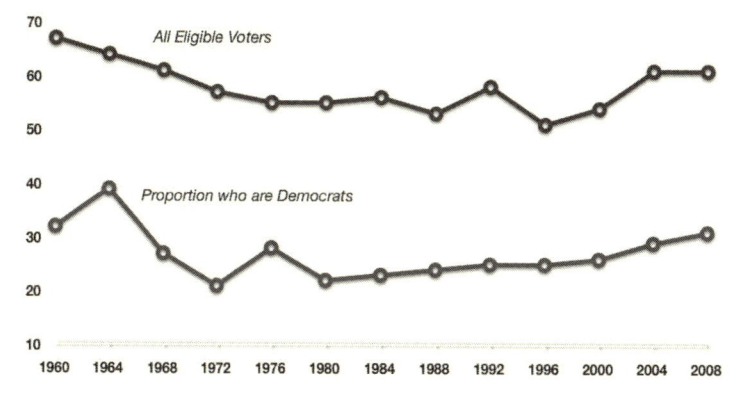

図6-6　大統領選挙における投票率と民主党支持者の割合，1960－2008年

出所：American University Center for the Study of the American Electorate

の間で民主党支持者の割合が増えているため，民主党が勝てるということかもしれない。重荷は独自の有権者の支持獲得戦略を練らなくてはならない共和党に課せられるが，そうした戦略は現時点で思想的にも現実問題としても実行できる可能性が少ないように思える。同じく図6-6が示すとおり，1964年の選挙の後の公民権改革のきっかけとなった運動と同様の運動をオバマが巻き起こすにはまだまだ先が長いが，長期的には上向きの傾向を示しているのである。

(2) 共和党，人種，地域主義

　敗北を喫した政党，とりわけ2期続けて大統領を擁した政党にとって選挙直後の期間は不愉快なものである。マケイン／ペイリンの敗北は，連邦下院において21議席，連邦上院において8議席失ったことと相まって，共和党の立場を1992年以来最も弱くしている。この章の原稿を書いている時点で，新しいアフリカ系アメリカ人の共和党全国委員長であるマイケル・スティール (Michael Steele) はその任期に入って数週間だというのに激しい批判にさらされている。共和党は，事実上の象徴であるラジオのトークショーの司会者，ラッシュ・リンボー (Rush Linbaugh) のせいで，ますます議事進行妨害者で，極端な思想をもっていると見られている。しばしば保守主義の将来の顔と目される若いインドからの移民であるルイジアナ州知事ボビー・ジンダル (Bobby Jindal) は，経済危機に関する1月の両院合同会議でのオバマの演説に対する激しい，時代遅れの反論演説のせいで非難され続けている。2012年の大統領選挙の候補者として共和党支持者の間で最も支持されているのはペイリンだが，彼女は2008年の選挙の後，アメリカで最も評価の分かれる公人の1人としてヒラリーに取って替わっている。共和党にとって1つの救いは，民主党下院議長のナンシー・ペロシがペイリンと比べて好感度が低いということである。とはいえ，ホワイトハウスのオバマのおかげで，潜在的な政策の失敗に関する政党の責任についてペロシが追及されるという状況は少なくなるが。

1994年の中間選挙での保守の躍進でテキサス州知事になったジョージ・W・ブッシュが出てきたのは，1992年の共和党敗北の灰塵の中からだったということは思い出されてよい。そうした保守主義の復活は，クリントンが政権1年目において包括的な健康保険制度改革法案を通すことに失敗したことや，その結果として2年目にカリスマ的なニュート・ギングリッチ（Newt Gingrich）の下で共和党が統一されたことに原因が求められる。しかしクリントンが43％の得票率で辛うじて勝利し，当初の政策議題を大幅に先送りした一方で，オバマは経済危機と戦争という状況下で，60％代後半の支持率で大統領に就任している。選挙戦においてマケインの最も激しい攻撃に直面したときでさえ，オバマの好感度はほとんど50％代後半を下回らなかったが，それはYouTubeの時代に生きるあらゆる公人にとって並はずれた離れ業である。要するにオバマはアメリカ人に好かれているし，大統領に就任した政治的状況からして，政策に関する議論およびそれに反対しようとする人々を定義する余裕が与えられるであろう。一方で共和党には，その南部の地盤における地域主義，人種の問題について効果的に取り組む能力の欠如，そして高齢で宗教的な有権者が共和党の基礎を形成しているという事実など，短期的な制約以外何も見当たらない。

(3) 「YouTube的瞬間」と「即時反応」の時代におけるアメリカの民主政治の神経過敏

　2008年の選挙戦で特筆すべきは，少なくとも民主政治に関する限り，テクノロジーの顕著な役割である。迅速な反応とさらなる公開に対するジャーナリストや有権者の期待が高まっているということを背景に，政治的出来事の即時性や政治情報のめまいがするような早さは，これまで大統領選挙戦の動きを加速してきたし，おそらくその傾向は今後もずっと続くであろう。YouTubeとビデオのアップロード・共有は，政党と候補者に対して1度にフィルターのかかっていない特定の狙いをもったメッセージを支持者に届けるという前例のない機会を与えているが，そ

れはまたあらゆる誤りや怠慢，あるいは冷静ではないリアクションを世界中の人々の審査の目にさらすことで，政党や候補者の脆弱性を劇的に高めた。もはや歴史を隠すことはできない。特定の地域色の強い政治的説得の努力は全国ニュースの一部として報道される。ブログは即時的な反応，専門知識，分析を要求し，2008年に公表された多くの毎日のトラッキング調査の結果（ギャラップのものが最も有名である）が示すように，世論調査は選挙戦における些細な出来事でさえ世論における微細な変動に結びつけるような過度の反応性を生み出す1つの原因となっている。2008年においてアメリカ政治は，かつてないほどに市民に対して生のデータへのアクセスや参加する機会を与え，より身近で具体的になったかもしれない。しかし同時に，それは民主政治自体をやや神経過敏でますます要求水準が高いものにしたのである。

注

1 韓国，オーストラリア，都市部の中国と同じように，日本のオバマ人気は高いが，2008年選挙の重要性についての日本人の見方は分かれている。42％の回答者が選挙は日本に大きな影響を与えるとみているのに対し，46％は変化がないとしている。この差は日米両国の関係が安定しているかどうかという考え方の違いに基づいている。選挙戦中，オバマもマケインも日米同盟に対する継続的なコミットメントを約束したほか，二国間の関係の変化を示すような発言もほとんどなかった。しかし，日本人の米国に対する不信は2005年以降の世論調査では顕著になりつつある。Hiroko Furuya, "Japanese Back Obama Over McCain," October 21, 2008. http://www.gallup.com/poll/110758/Japanese-Back-Obama-Over-McCain.aspx. 一方で，クリントン国務長官が2009年2月，長官就任後，最初の訪問国に日本を選んだことは日米関係が良好であるという見方を強めたようである。

2 2006年10月付 "The Plan" と 2006年12月21日付 "Launch Strategy" は，オバマが指名を獲得した後に『アトランティック（*The Atlantic*）』誌によって公刊された一連の驚くべきクリントンの選挙キャンペーンの内部文書である。http://www.theatlantic.com/doc/ 200808u/clinton-memos.

3 Pew Research Center for the People and the Press, 2007年12月19～30日実施，サンプル数は1,430。http://people-press.org/reports/questionnaires/381.pdf.

4 2007年5月23日にクリントン陣営のマイク・ヘンリー（Mike Henry）は，

今からみれば示唆的な指摘を残している。アイオワ州を重視するペンに対して，ヘンリーはアイオワ州での運動をやめ，ニューハンプシャー州予備選挙，ネヴァダ州予備選挙，そして2月5日のスーパーチューズデーに集中するべきだと述べている。ヘンリーは「これまでの予備選挙の制度そのものが崩壊に近づいており，2008年には予備選挙が集中するスーパーチューズデーの影響力が大きい。民主党の予備選挙を勝ち抜く，新しい戦略が必要である」とメモに記している。"Clinton Campaign Memo on Iowa," New York Times, May 23, 2007. http://www.nytimes.com/2007/05/23/us/politics/23text-clinton.html?ex=1188878400&en=7de1cac395b9e796&ei=5070. オバマの指名獲得の過程でアイオワ州が重要だったため，ヘンリーの指摘は的を射ていない部分もあるものの，アイオワ州に全力を尽くし，失敗したクリントン陣営の戦略ミスは致命的だった。

5 2008年のニューハンプシャー予備選挙では，アイオワ州党員集会での勝利がはずみとなったこともあって，ほとんどの世論調査がオバマの大差の勝利を予想したが，大きく外れることとなった。世論調査の正確性をめぐって，この予備選挙は今後長い間，研究の対象になるであろう。

6 Kathy Kiely and Jill Lawrence, "Clinton makes her case for wide appeal." USA Today, May 8, 2008. http://www.usatoday.com/news/politics/election2008/2008-05-07-clintoninterview_N.htm.

7 Peter Baker, "Bill Clinton's Legacy." *Washington Post,* February 3, 2008, A1. http://www. washingtonpost.com/wp-dyn/content/article/2008/02/02/AR2008020202521_pf.html.

8 Greg Sargent, "Obama Directly Attacks Bill's Presidency, Blames it for Massive Dem Losses." http://tpmelectioncentral.talkingpointsmemo.com/2008/02/obama_directly_attacks_bills_p.php.

9 Kate Snow, "Bill Clinton has regrets on campaign for wife." http://abcnews.go.com/Politics/ story?id=5506458.

10 Frank Newport, "Obama Gains Among Former Clinton Supporters." September 2, 2008. http://www.gallup.com/poll/109957/Obama-Gains-Among-Former-Clinton-Supporters.aspx.

11 "Palin Triggers RNC Ratings Spike," Nielsen Wire, September 4, 2008. http://blog.nielsen.com/ nielsenwire/media_entertainment/palin-triggers-rnc-ratings-spike/.

12 Jeff Zeleny, "Bill Clinton and Barack Obama, Together at Last." The Caucus: The Politics and Government Blog of the New York Times, October 30, 2008. http://thecaucus.blogs.nytimes.com/ 2008/10/30/bill-clinton-and-barack-obama/.

引用文献

Dahl, Robert. 2003. *How Democratic is the Constitution?* New Haven: Yale University

Press.

Wattenberg, Martin P. 1991. *The Rise of Candidate Centered Politics.* Cambridge: Harvard University Press.

第7章　分断か再統合か：選挙の決定要因

飯田　健

　われわれアメリカ人は国民としてますます分断されつつあると長年言われてきた。人種と地域，富とジェンダー，政党と宗教といった違いはわれわれを互いに争う派閥，すなわち対立する要求と必要，そして衝突する希望と夢をもつ個人からなる赤い州と青い州へと分離していると信じさせられてきた。これは，点数を稼ぎ，選挙で勝つためにこうした分断を必要とする評論家や政治家たちによって利用され，広められてきたアメリカのビジョンである。しかしこれは，私が根本的に拒否するべく大統領に立候補しているアメリカのビジョンである。

　　　　　バラク・オバマ（2008年1月28日カンザス州エルドラドでの演説）

第1節　はじめに

　2004年大統領選挙の結果は，東西両海岸諸州および中西部の一部の州で民主党ケリーが勝利する一方，面積として大部分を占める大陸中央部の州を共和党ブッシュが制するなど，国土がまるで2つに分断されたかのような状況を現出させ，人々に大きな衝撃を与えた。アメリカは文化的，宗教的，政治イデオロギー的にかくも異質な人々からなる国なのか，と。そして2008年，こうした「分断されたアメリカ」の克服，国民の統合を掲げ大統領選挙を戦い，勝利したのが民主党の黒人候補バラク・オバマであった。彼は有権者に対して，党派や地域，人種や宗教を超え，アメリカ人として1つになることによって，政治に「変化」をもたらす

ことを盛んに訴えた。

　選挙戦略としてみれば，このような超党派的メッセージは，従来の共和党陣営の切り崩しを狙ったものとも言える。すなわち，ブッシュ陣営がこれまで築き上げてきたクリスチャンや南部の白人を初めとする保守の連合に対して，対話を呼びかけ，彼らの一部に歩み寄ることによって，それを融解させる試みである。果たしてオバマの展開したこのような超党派の戦略は，実際にどの程度機能したのであろうか。言い換えれば，前回2004年の大統領選挙の民主党候補ケリーと比べて，オバマに対する有権者の支持はどのように変わったのであろうか。

　本章では，民主党一般得票率をはじめとする州レベルの集計データの分析を通じて，2008年アメリカ大統領選挙の結果に影響を与えた要因を探る。また2008年大統領選挙の特徴を明らかにするために，前回2004年アメリカ大統領選挙と比較する。焦点を当てるのは，黒人，ヒスパニックなどマイノリティの選挙結果への影響，所得の影響，教育程度の影響，年齢の影響，そして信仰の影響である。

　以下では，まず2004年と2008年のアメリカ大統領選挙の結果を視覚的に比較する。そしてその選挙結果，すなわち州間の民主党一般得票率のバラツキがどのような要因によって説明されうるか，統計分析によって検証する。

第2節　2004年・2008年の大統領選挙の結果

　バラク・オバマとジョン・マケインの間で争われた2008年アメリカ大統領選挙は，最終的にオバマの勝利で幕を閉じた。アメリカではネブラスカ州を除き，有権者による一般投票をもとに，州ごとに大統領選挙人を「勝者総取り」(winner-take-all)式で奪い合う選挙制度が採用されており，今回の選挙の決め手となったのは，両候補者の支持率が拮抗しているいわゆる戦場州(battle ground state)であるオハイオ州，フロリダ州などでオバマが勝利したことである。前回2004年大統領選挙との比較で言うと，

第7章　分断か再統合か：選挙の決定要因　147

2004年

2008年

■…民主党が勝った州，□…共和党が勝った州

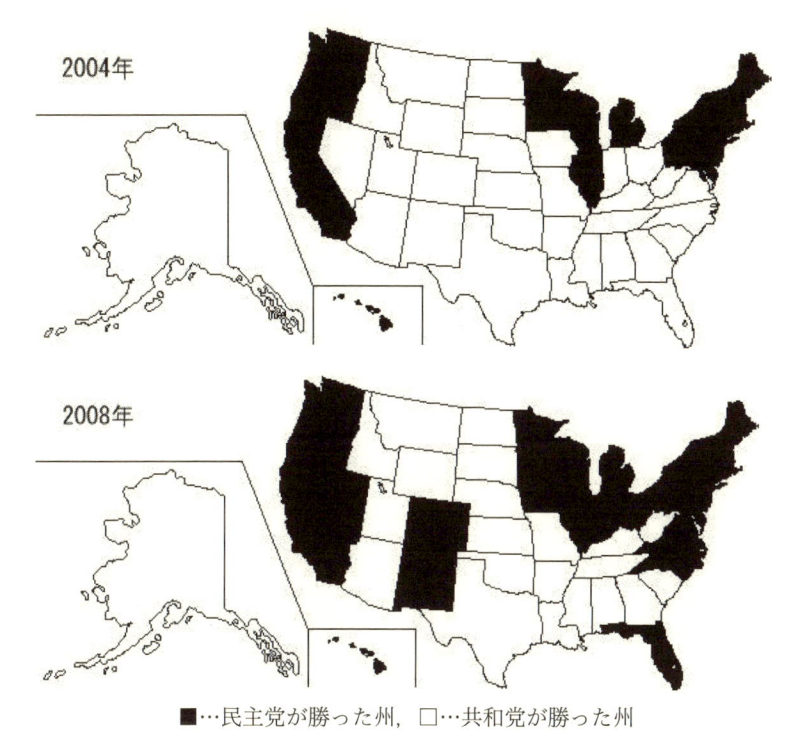

図7-1　2004年と2008年のアメリカ大統領選挙の結果（勝敗）

　民主党は，ヴァージニア州，ノースカロライナ州，フロリダ州，オハイオ州，インディアナ州，アイオワ州，コロラド州，ニューメキシコ州，ネヴァダ州を共和党から「奪った」結果の勝利であった。民主党が勝利した州を黒，共和党が勝利した州を白で塗った**図7-1**[1]を見てわかるとおり，2004年には西海岸，東海岸，5大湖周辺に追いやられていた民主党の「領土」は，2008年にはかなりの程度，アメリカ内陸部にまで食い込むようになった。

　しかしながら，勝利／敗北で2色に塗り分けることは必ずしも現実を反映しない。**図7-2**は，一般投票で民主党候補者の得票率が高い州ほど濃く（共和党候補者の得票率が高いほど薄く）なるようにして作成したものである。この図からわかるのは，2004年，2008年とも，民主党あるい

2004年

2008年

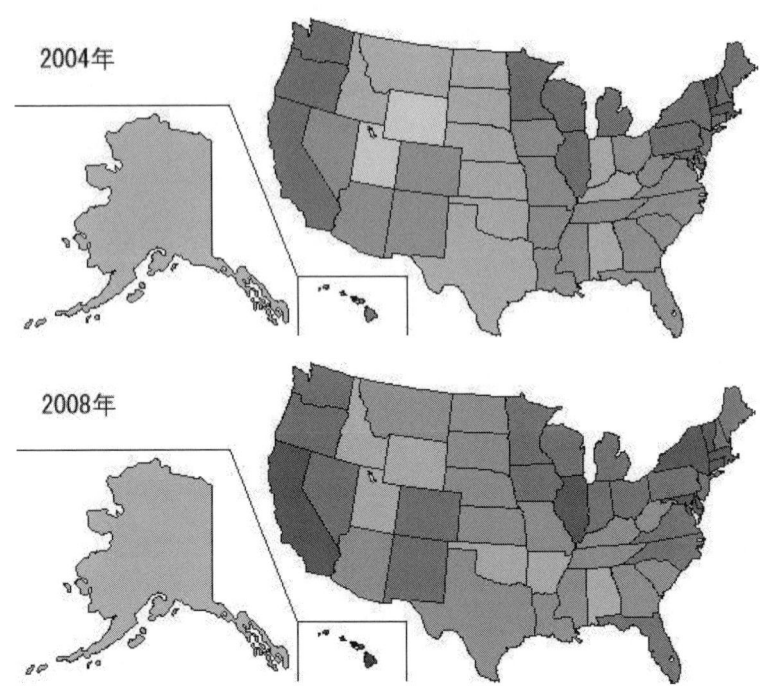

色が濃いほど民主党候補者の得票率が高い

図7-2　2004年と2008年のアメリカ大統領選挙の結果（一般得票率）

は共和党に極端に偏った州はほとんど無く，多くの州で両党の候補への支持は拮抗しているということである。結局これは良く知られているように，共和党の色である赤が国土の中心を覆い尽くし「赤いアメリカ」と言われた2004年においても，赤―青のグラデーションとして見れば，実は「紫のアメリカ」であったということである[2]。同じことが2008年についても言える。2004年と比較しても，若干色目が民主党寄りになっただけで，依然として「紫のアメリカ」であることには変わりない[3]。

とはいえ，州ごとに民主党候補者の得票率に差が出ていることは事実である。また「紫のアメリカ」であればこそ，そのわずかな差が重要と言える。一体，大統領選挙の結果を左右したこの州ごとの民主党候補者の得票率の差，すなわちバラツキは何によって説明できるのであろうか。

さらに，2004年と比べて2008年は，その説明にどのような違いがあるのだろうか。

第3節　理論的予測

2004年，2008年の選挙における州ごとの民主党候補者の得票率の違いを説明するにあたり，ここでは人種，所得，教育程度，年齢，信仰の5つの要因を想定する。

まず人種に関しては黒人とヒスパニックを扱う。黒人は伝統的に民主党支持であり，黒人が民主党候補に投票するという傾向がこれまで一貫して観察されてきた (Tate 1993)。したがって他の条件が同じとして，黒人が多い州ほど，民主党候補者の得票率が高くなると予測できる。とりわけ，2004年，2008年を比較する上で注目されるのは，初の黒人大統領候補者であるオバマの登場によって，黒人がより熱心に民主党に投票するようになったかどうかである。

またヒスパニックは，近年アメリカで最も人口増加が著しく，選挙における重要性が増してきたエスニックグループである (Segal 2002)。民主・共和両党ともその支持を得ることに腐心しているが，全体としては伝統的にマイノリティの党である民主党の方が，ヒスパニックと親和性が高いといえる (DeSipio 1996)。とはいえ，共和党のブッシュ大統領はヒスパニックが多いテキサス州出身で，スペイン語が話せるということもあり，ヒスパニックに対してことさら熱心に働きかけた。これら2つの側面を合わせて考えると，他の要因をコントロールした上で，ヒスパニックが多い州ほど，民主党候補の得票率がどうなるかは一概には言えないであろう。

第2の要因として，所得が挙げられる。一般的に共和党は企業経営者など富裕層の党であり，反対に民主党は労働者など低所得者の党と言われる。しかし実際は所得と党派性の関係はそこまで明確なものではない。というのも，収入が高い人々は教育程度が高い場合が多く，そうした人々

は往々にしてリベラルで民主党支持である一方，貧しくとも教育程度の低い白人労働者は共和党支持の傾向をもつからである (Abramowitz and Teixeira 2008)。したがって，世帯収入の多い州ほど民主党候補者の得票率がどうであるかを見るときには，教育程度の影響を正しくコントロールする必要があるだろう。

　第3に，教育程度である。上でも述べたように，教育程度とリベラルな価値観とは相関がある (Weakliem 2002)。したがって，教育程度が高いほど民主党支持の傾向があるとはいえ，このことから教育程度の高い州ほど，民主党候補者の得票率は高いとの予測が成り立つ。

　第4に，年齢の影響が考えられる。これまで年齢と特定の党派性の関係について取り立てて語られることはほとんどなかったが，少なくとも2008年の大統領選挙において，オバマは若年層に人気があると言われており，関心の対象となりうる。もしオバマが若年層に人気があり，それが実質的な影響を選挙結果に及ぼしているのであれば，2008年においては若い人が多く住む州ほど，民主党候補者の得票率が高いとの結果が得られるであろう。

　最後に，信仰がカギとなりうる。1980年代以降，アメリカ政治におけるキリスト教保守派の存在感は増すばかりであり，共和党の強力な支持母体となっている (Lambert 2008)。とりわけブッシュ政権下では，盛んにブッシュ大統領の信仰が喧伝され，クリスチャンの支持を得る上で重要な役割を果たしたと言われている。一方で，2008年の共和党候補者であるマケインは，共和党員としては世俗的な価値観をもっていることで知られ，キリスト教保守派の受けはすこぶる悪い。したがって，2004年時点ではクリスチャンの多い州ほど，共和党候補者の一般得票率が高い（つまり民主党候補者の一般得票率が低い）一方，2008年にはマケインの不人気からそのような関係は見られないという可能性が考えられる。

第7章　分断か再統合か：選挙の決定要因　151

第4節　データ分析

(1) 散布図の比較

　以上のような要因の選挙結果への影響を実証的に分析にするに当たっては，それぞれを州レベルの変数で作業定義する必要がある。従属変数は，一般投票での州ごとの民主党得票率である。この従属変数のバリエーションを説明する独立変数として，「黒人」に関しては「州の人口に占める黒人の割合」とする。また「ヒスパニック」に関しては「州の人口に占める，家庭でふだんスペイン語を話している人の割合」によって定義する。さらに，「所得」に関しては「世帯収入の中位値」，「教育程度」に関しては「人口に占める大卒以上の割合」，年齢に関しては「年齢の中位値」，信仰に関しては「人口に占める，少なくとも週1回以上教会に行く人の割合」によってそれぞれ州単位で操作化する。

　分析に用いる州ごとのデータは，従属変数である民主党候補者の一般得票率に関しては，2004年，2008年ともCNNのウェブサイト[4]から入手した。また独立変数について，2009年2月時点で2008年のデータはまだ入手不可能なので，2007年のものを使用する。「黒人の割合」，「スペイン語話者の割合」，「世帯収入の中位値」，「年齢の中位値」に関しては合衆国国勢調査局 (The United States Census Bureau) が実施しているアメリカン・コミュニティ調査 (American Community Survey, ACS)[5]から入手した。「少なくとも週に1回以上教会に行く人の割合」は2004年について，ペンシルヴェニア大学のアンネンバーグ公共政策センター (The Annenberg Public Policy Center)[6]が実施した2004年全国アンネンバーグ選挙調査 (2004 National Annenberg Election Survey, NAES) から，2007年について，ピュー・リサーチセンター (the Pew Research Center) の宗教および公共生活フォーラム (Forum on Religion and Public Life)[7]が実施した合衆国宗教眺望調査 (the U.S. Religious Landscape Survey) からそれぞれ入手した。

　以下ではまず，各独立変数と民主党候補者の得票率との1対1の関係を視覚的に確認した後，それぞれの独自の影響を析出すべく，重回帰分

析を行う。

①マイノリティの影響

図7-3は，2004年と2008年について州ごとに「人口に占める黒人の割合」を横軸，民主党候補者の得票率を縦軸にとり，プロットしたものである。図中の直線は，民主党候補者の得票率を黒人の割合に最小2乗法を用いて回帰させたときの回帰直線である。端的に言って，黒人の割合が高い州ほど民主党候補者の得票率が高いという正の関係が強ければ強いほど，この回帰直線の右肩上がりの傾きが大きくなると言える（逆に，負の関係が強いほど右肩下がりの傾きが大きくなる）。これを見る限り，「黒人の割合」と民主党候補者の得票率は取り立てて関係が無いように思われる。しかし注意すべきは，高い黒人の割合をもつ南部諸州において，おしなべて民主党候補者の得票率が低いということである。これが全体として見た時の両変数の関係を歪めている可能性がある。したがって，南部とそれ以外の州に分けて（つまり南部を表す変数でコントロールして），それぞれの地域の中で「黒人の割合」と民主党候補者の得票率との関係を見る必要があるだろう。

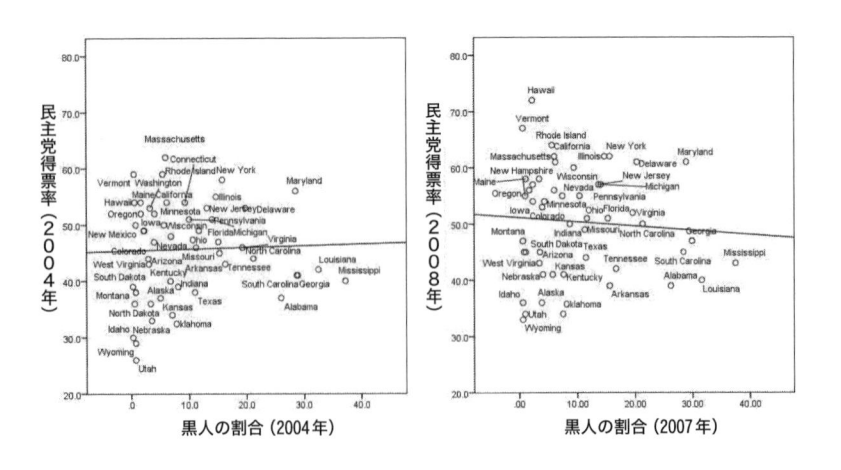

図7-3　黒人の割合の影響（2004年・2008年比較）

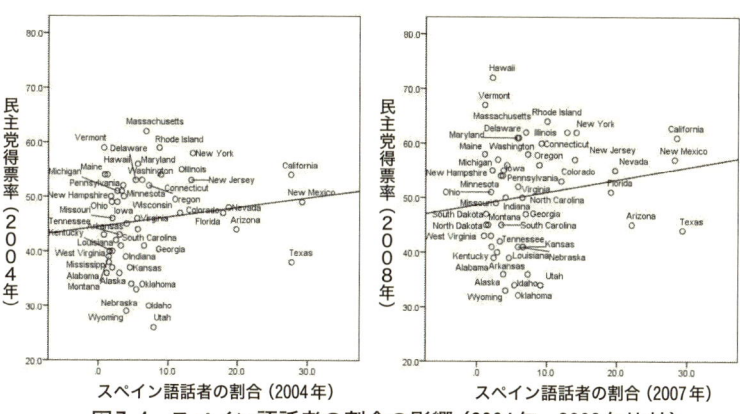

第7章 分断か再統合か：選挙の決定要因 153

図7-4 スペイン語話者の割合の影響（2004年・2008年比較）

さらに図7-4は「スペイン語話者の割合」と民主党候補者の得票率との関係をプロットしたものである。ここでは若干正の関係がみられるものの，その関係はあまり強いとは言えない。ただこの回帰直線の傾きは，ヒスパニックの割合が高い，カリフォルニア州，ニューメキシコ州，テキサス州に大きく依存しており，これら3州とそれ以外の州との違いを説明しうる別の変数があれば，おそらくこの統計的な関係は容易に変化しうるものと考えられる。

②所得の影響

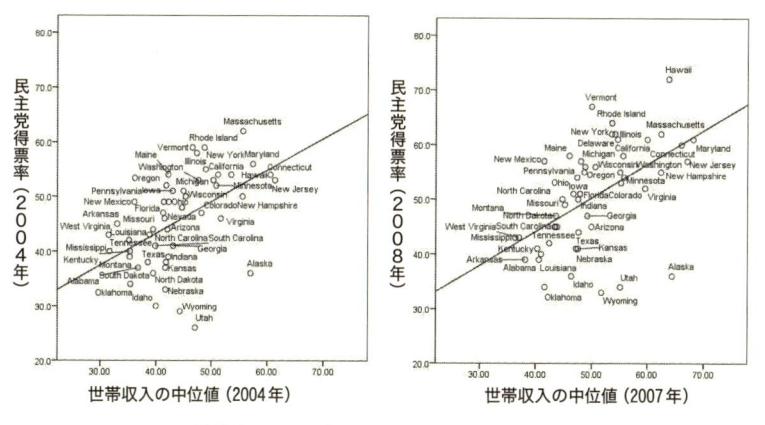

図7-5 世帯収入の中位値の影響（2004年・2008年比較）

次に所得と民主党候補者の得票率との関係について見てみると、そこには強い正の関係が見られる（図7-5）。豊かで民主党得票率が高い東部諸州が右上に固まり、反対に貧しく民主党得票率が低い、南部を含むアメリカ中央部の諸州が左下に集まっている。ただ上でも指摘したとおり、この関係はリベラルな価値観を代表する教育程度でコントロールすることで無くなる可能性がある。

③教育程度の影響

次に「大卒以上の割合」と民主党候補者の得票率との関係を見てみると、かなりの程度、所得と民主党得票率との関係との類似性が認められる（図7-6）。すなわち、所得と同様、教育程度の高い東部諸州ほど民主党得票率は高くなっている。この関係はとりわけ2008年において顕著である。

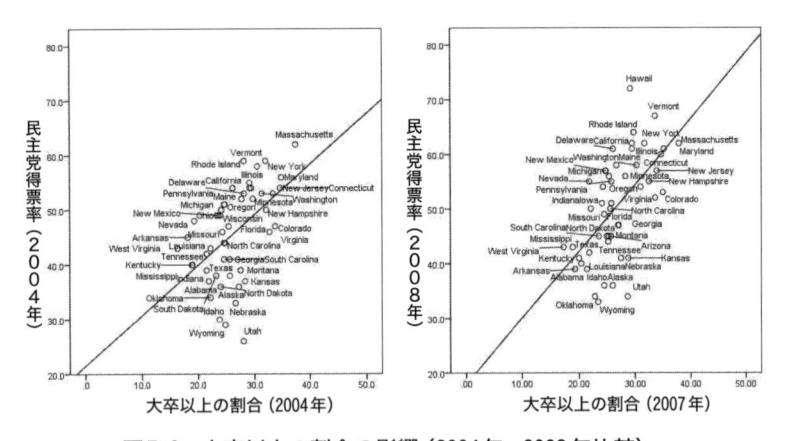

図7-6 大卒以上の割合の影響（2004年・2008年比較）

④年齢の影響

さらに、年齢と民主党候補者の得票率との関係について見てみると、年齢の中位値が高い州ほど民主党候補者の得票率が高いという関係がうかがえる（図7-7）。これはすなわち、若年層の人口が少ない州ほど、民主党候補者の得票率が高くなっているということである。ただし、この関係は特に年齢の中位値が低く「はずれ値」となっているユタ州の影響

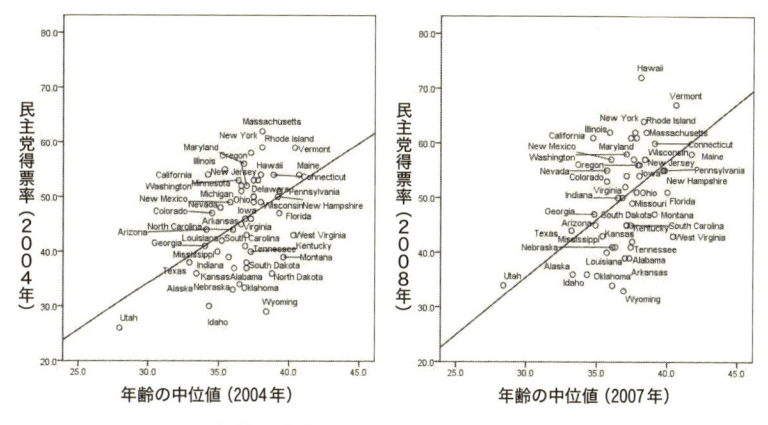

図7-7　年齢の中位値の影響（2004年・2008年比較）

を受けている可能性があり，注意が必要である。

⑤信仰の影響

最後に，「少なくとも週1回以上教会に行く人の割合」と民主党候補者の得票率との関係を見てみると，両者の間に強い負の関係があることがわかる（図7-8）。すなわち，熱心に信仰している人の割合が高いほど，民主党の得票率が低い（共和党の得票率が高い）ということである。なお2004年に関して，全国アンネンバーグ選挙調査はハワイとアラスカの

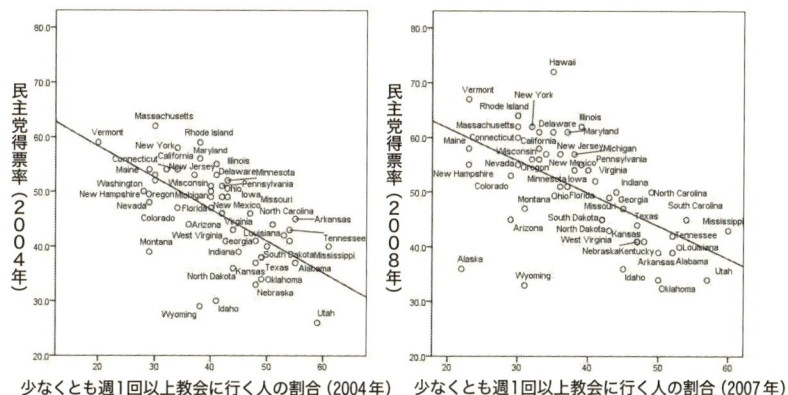

図7-8　少なくとも週1回以上教会に行く人の割合の影響（2004年・2008年比較）

サンプルを含んでいないので,分析からは除外されている。

(2) 重回帰分析

以上,変数間の1対1の関係を見てきたが,この方法では各独立変数が従属変数に与える独自の影響力を確認することができない。これは上でも何度か述べてきたように,互いに相関をもつ複数の独立変数のうち1つだけを選んで,従属変数との関係を見ると,モデルに投入されなかった独立変数が従属変数に与える影響までモデルに投入された1つの独立変数の影響の中に含まれてしまい,その独立変数が本来もつ影響力を正しく測定できなくなってしまうという問題である。例えば,出口調査の結果,所得の高い有権者が民主党候補者に投票しているという傾向が見られたとする。しかしこれだけをもって,「所得が民主党候補者への投票に対して正の影響をもつ」と結論付けるのは早急である。というのも,所得は教育程度と高い相関があり,もし教育程度もまた民主党への投票に対して影響力をもつなら,教育程度の影響を考慮せずに所得と投票の関係を見た場合,それは「偽の関係」となる可能性が出てくるからである。この場合,教育程度の影響を考慮した本来の所得の影響を見るためには,教育程度が同じくらいの者の中でもやはり所得と投票の関係が存在しているか確認しなくてはならない。こうした「統計的コントロール」によって,より厳密に各変数独自の民主党得票率に対する影響を析出するためには,複数の独立変数を同時にモデルに含めた重回帰分析を行う必要がある。

そこで先に示した5つの独立変数の他,ある州が南部かどうかを示した南部ダミー(1=「南部の州」,0=それ以外)[8]を加え,民主党候補者の得票率を従属変数とした重回帰分析を行った。投入した各変数の記述統計は**表7-1**,結果は**表7-2**のとおりである[9]。

まず2004年に関して,少なくとも5%水準で統計的に有意な影響を民主党得票率に与えている独立変数は,「黒人の割合」,「年齢の中位値」,「週1回以教会に行く人の割合」である。すなわち,黒人の割合が高い州

表7-1 分析で用いた変数の記述統計

	ケース数	最小値	最大値	平均	標準偏差
民主党得票率 (2004年)	50	26.0	62.0	45.7	8.5
民主党得票率 (2008年)	50	33.0	72.0	50.4	9.5
黒人の割合 (2004年)	50	0.3	37.2	9.9	9.6
黒人の割合 (2007年)	50	0.6	37.5	10.1	9.6
スペイン語話者の割合 (2004年)	50	0.8	29.2	6.9	7.1
スペイン語話者の割合 (2007年)	50	1.0	29.3	7.5	7.3
世帯収入の中位値 (2004年)	50	31.5	61.4	44.2	7.3
世帯収入の中位値 (2007年)	50	36.3	68.1	50.2	8.1
大卒以上の割合 (2004年)	50	16.3	37.4	26.3	4.7
大卒以上の割合 (2007年)	50	17.3	37.9	26.7	4.7
年齢の中位値 (2004年)	50	28.0	40.7	36.7	2.2
年齢の中位値 (2007年)	50	28.4	41.7	37.0	2.2
週1回以上教会に行く人の割合(2004年)	48	20.0	61.0	41.8	9.1
週1回以上教会に行く人の割合(2007年)	50	22.0	60.0	39.0	9.4

表7-2 大統領選挙の決定要因 (OLS推定)

	2004年		2008年	
独立変数	係数	標準誤差	係数	標準誤差
定数項	-6.652	28.229	-66.102*	29.761
黒人の割合	0.390**	0.127	0.318*	0.136
スペイン語話者の割合	0.216	0.142	0.365*	0.135
世帯収入の中位値	0.341	0.230	0.230	0.205
大卒以上の割合	-0.038	0.348	0.464	0.317
年齢の中位値	1.376*	0.545	2.451**	0.572
週1回以上教会に行く人の割合	-0.403*	0.171	-0.052	0.176
南部ダミー	-2.364	2.744	-6.421*	2.893
修正済 R^2	0.580		0.621	
n	48		50	

従属変数は民主党一般得票率

** $p < .01$, * $p < .05$

ほど，年齢の中位値が高い州ほど，民主党得票率が高い傾向にある一方，週1回以上教会に行く人の割合が高い州ほど，民主党得票率が低い傾向にある。黒人の割合に関しては，先の1対1のプロットでは，民主党得票率との明確な関係は見られなかったが，さまざまな変数で統計的にコントロールした結果，やはり影響を与えていることがわかった（すなわち，他の条件が同じとき，黒人の割合が高い州ほど民主党得票率が高い）。反対に，世帯収入の中位値や教育程度は，1対1の関係で見ると，民主党得票率と関係があるように見えたが，世帯収入と教育程度で互いにコントロールすると，それぞれ独自の影響はほとんど無かった。南部ダミーの影響が統計的に有意で無いということは，民主党候補者の得票が取り立てて南部だけで低かったのではなく，もっと広範囲に渡って低かったということを意味する。

　係数の値の意味について詳しく考えると，まず2004年の「黒人の割合」の推定値0.390は，ある州が他の州よりも黒人の割合で1％高いことによって，民主党得票率に＋0.39％の違いが生じると推定されるということを意味する（言い換えれば，黒人の割合が10％高い州は，平均して民主党得票率が約3.9％高いと予測できる）。同様に，年齢の中位値が1歳高いことによって生じる民主党候補の得票率の違いは＋1.376％，週1回以上教会に行く人の割合が1％高いことによって生じる違いは，－0.403％であると推定される。

　以上を具体的に解釈するなら，まず2004年の選挙において黒人は，これまでと同様民主党候補者であるケリーに投票する傾向が強かったということがうかがえる。しかしヒスパニックは，マイノリティであるにも関わらず，ブッシュの親ヒスパニック的な態度もあってかとりわけケリーに投票したという傾向は見られなかった（ヒスパニックの割合が高い州で，ケリーの得票が高いという傾向はみられなかった）。一方で，クリスチャンはブッシュの支持基盤として，やはりブッシュに投票する傾向にあったといえる。

　次に2008年について見てみると，少なくとも5％水準で統計的に有意

な影響を民主党得票率に与えている独立変数は,「黒人の割合」,「スペイン語話者の割合」,「年齢の中位値」,「南部ダミー」である。すなわち,「黒人の割合」が高い州ほど,「スペイン語の話者の割合」が高い州ほど,「年齢の中位値」が高い州ほど,民主党候補者の得票率は高かった。一方で,南部とそれ以外の地域を比べると南部諸州における民主党候補者の得票率が低かった。

ここで特筆すべきは,「スペイン語話者の割合」の影響である。2004年においては特徴的な投票傾向を示さなかったヒスパニックが2008年ではオバマに投票する傾向にあった。基本的にヒスパニックは民主党支持であることを考えると,やはりマケインはブッシュのようにはヒスパニックにアピールし,彼らの民主党支持を切り崩せなかったようである。あるいは,オバマ自身がマイノリティであるということが,ヒスパニックの票を引き出した可能性もある。一方で,黒人は2004年,2008年とも民主党候補者に投票する傾向にあったが,係数の値(2004年は0.390, 2008年は0.318)を比較する限り,様々な要因を統計的にコントロールした後では,2004年のケリーより2008年のオバマを強く支持しているとは言えないようである。

さらに2004年においては,「週1回以上教会に行く人の割合」が高いほど民主党得票率が低い(つまり共和党得票率が高い)という傾向があったのに対し,2008年ではその関係は少なくとも5%水準で統計的に有意では無い。すなわち,マケインはブッシュとは違ってクリスチャンからの明確な支持を受けることができなかった。また「南部ダミー」が統計的に有意な負の影響を民主党得票率に与えているということは,南部は他の地域と比べて民主党得票率が低かったということを意味する。すなわちマケインは,長年の共和党の地盤である南部以外ではあまり票を取れなかったのである。

また,2004年と2008年に共通して,これだけ多くの変数でコントロールしても,年齢の中位値が依然強い影響をもっていることについては解釈が困難である。1つの可能性としては,年齢が何か別の要因,例えば

福祉の必要性などを代表しているということである。すなわち，年齢が高い州というのはそれだけ福祉の必要があり，民主党の支持が高くなるということかもしれない。いずれにせよ，各種世論調査や出口調査の結果が示すようにオバマが若年層に人気があるとはいえ，若者の他の年齢層と比較しての低投票率もあってか，集計レベルデータで若年層が州ごとの選挙結果に何らかのインパクトを与えた様子はない。

第5節　おわりに

以上分析結果をまとめると次のようになる。
- 2004年，2008年とも，黒人は民主党候補者に投票する傾向があったが，他の要因をコントロールすると，とりわけオバマが強く支持されたというわけではない。
- 2004年において，ヒスパニックはとりわけケリーに投票したわけではなかったが，2008年において，ヒスパニックはオバマに投票する傾向があった。
- 2004年においては，クリスチャンはブッシュに投票する傾向があったが，2008年において，クリスチャンがマケインに投票するという傾向は見られなかた。
- 2004年において，ブッシュは必ずしも南部諸州からだけ票を得ていたわけではなかったが，2008年において，マケインの得票は南部諸州に偏る傾向があった。

このようにして見てみると，マケインの2008年における敗北の原因の1つは，彼の戦術にあったのではないかと思われる。すなわち，ブッシュは自身の基盤であるキリスト教保守派を固める一方，伝統的に民主党の基盤であるヒスパニックにアピールすることで，民主党支持層を侵食したのに対し，マケインはとりたてて自分の基盤もなく，ブッシュのクリスチャンの基盤も継承できず，一方で民主党の支持基盤をも崩せなかったのである。それにより，マケインはブッシュと違い，支持を南部

以外のアメリカ中央部に広げることができなかった。

　それに対してオバマは，選挙戦を通じて国民に呼びかけた超党派の訴えを部分的には成功させた。今回の統計分析の結果にも現れたとおり，とりわけ2008年の選挙では，信仰による国の分断を緩和させたといえる。しかし，人種による分断はより大きくなったともいえる。すなわち，依然として白人の間で共和党支持の傾向が顕著に見られる[10]一方，黒人に加えてヒスパニックも民主党をより強く支持するようになった。またオバマが広く支持を獲得した結果，南部の共和党支持が2004年よりもいっそう際だつ結果となった。考えてみれば選挙における超党派の戦略とは，従来の敵／味方を超え，さまざまな集団に対して広く支持を呼びかけるものだが，それはあくまで味方の集団の党派性の温存を前提とした話であり，決して党派性の解消を目的としたものではないはずである。つまり自分にとって都合の良い「分断」や「亀裂」は温存した上で，自分にとって都合の悪い「分断」や「亀裂」の解消をめざすのが「超党派性」の本質とも言えるだろう。

　最後に，今回の分析の限界を3つ指摘しておきたい。第1に，今回のような州ごとのデモグラフィックな変数を用いた分析では，選挙直近のイベントや経済状態の影響を検証することができない。とりわけ2008年大統領選挙の直前には，金融危機が発生し，それが選挙結果にも影響を与えたと言われているが，今回の分析ではその要素は一切考慮できていない。

　第2に，今回のデータ分析は，あくまで「選挙結果の変化はそれぞれの変数の影響力が変化することによって説明できる」との前提にもとづいているが，選挙結果の変化は変数の値の変化によっても当然起こりうる。つまり今回の分析では，例えばヒスパニックの中で民主党候補者に投票した有権者の割合の変化が民主党得票率に与えた影響は検証されたが，ヒスパニックの人口増加が民主党得票率に与えた影響は考慮されていない。これは，2004年と2008年という短い期間の2つの選挙における変化を説明するアプローチとしては妥当なものであると考えられるが[11]，

例えば2008年と1992年の大統領選挙という長い期間で結果を比較するのであれば，その期間のデモグラフィックな要因の変化を考慮する必要があるだろう。

第3に，集計データを用いた分析の常として，生態学的誤謬(ecological fallacy)の問題がある。今回の分析では，州レベルの集計データを用いつつも，そこから個人の行動についてまで考察しようとしたが，集計レベルで観察された相関がそのまま個人レベルのデータでも観察されるという保証はない。今後，今回のような集計データの知見をより堅牢なものにするためにも，個人レベルデータの分析が望まれるであろう[12]。

注
1 図7-1，7-2の地図とも地理情報分析支援システム MANDARA を用いて筆者が作成した。
2 「紫のアメリカ」についてより詳しくは，プリンストン大学のロバート・ヴァンダーベイ (Robert J. Vanderbei) のウェブサイトを参照。http://www.princeton.edu/~rvdb/.
3 モーリス・P・フィオリーナは，近年アメリカ政治において国民の間で宗教や文化的な価値を巡る対立が先鋭化しているという議論に対して異議を唱え，ほとんどの有権者は依然として穏健な価値観をもっていると主張している (Fiorina 2005)。
4 2004年に関しては，次のウェブサイトを参照。http://edition.cnn.com/ELECTION/2004/pages/results/. 2008年に関しては，次のウェブサイトを参照。http://edition.cnn.com/ELECTION/2008/results/president/.
5 http://www.census.gov/acs/www/index.html.
6 http://www.annenbergpublicpolicycenter.org/.
7 http://www.pewforum.org/.
8 ここで南部とは，アメリカ合衆国国勢調査局の分類に従って，次の州を指す。フロリダ，ジョージア，ノースカロライナ，サウスカロライナ，ヴァージニア，ウエストヴァージニア，メリーランド，デラウエア，アラバマ，ケンタッキー，ミシシッピ，テネシー，アーカンソー，ルイジアナ，オクラホマ，テキサス。
9 なお，従属変数の民主党得票率は，その算出において州ごとに著しく大きさの異なる分母を用いているため，OLS 推定量が最良普遍推定量であるために必要な分散均一の仮定に違反している可能性がある。そのため分散

不均一性に関する検定を行ったが、結果、分散均一の仮定は満たされているとの結論を得た。
10 CNNの出口調査によると、2004年には白人の41%がケリーに投票し、2008年には白人の43%がオバマに投票した。
11 例えば筆者は、ケリーに比べてオバマの得票率が高かったのは、ヒスパニックの人口がその4年間で増えていたとはいえそれが主たる原因ではなく、民主党候補者に投票したヒスパニックの割合が増えたからだったと考える。ただし、デモグラフィックな変数の変化によって、2004年と比較しての2008年の民主党候補者の得票率の増加を説明しようとする記述的な議論も存在する(例えば、細野2009)。
12 研究者に対して学術的分析に使用可能な変数を含んだ個人レベルデータが公開されるのは早くとも2009年夏である。

引用文献

Abramowitz, Alan, and Ruy Teixeira. 2008. "The Decline of the White Working Class and the Rise of a Mass Upper-Middle Class." In Ruy Teixeria ed., *Red, Blue, and Purple America: The Future of Election Demographics*. Washington D.C.: Brookings Institution Press.
DeSipio, Louis. 1996. *Counting on the Latino Vote: Latinos as a New Electorate*. Charlottesville: University Press of Virginia.
Fiorina, Morris P. (with Samuel J. Abrams and Jeremy C. Pope). 2005. *Culture War? The Myth of a Polarized America*. New York: Pearson Longman.
Lambert, Frank. 2008. *Religion in American Politics*. Princeton: Princeton University Press.
Segal, Adam. 2002. "Records broken: Spanish-language television advertising in the 2002 election." Johns Hopkins Journal of American Politics online. http://advanced.jhu.edu/academic/ government/hvp/HVPFinalReport2002.pdf.
Tate, Katherine. 1993. *From Protest to Politics: The New Black Voters in American Elections*. Cambridge: Harvard University Press.
Weakliem, David L. 2002. "The Effects of Education on Public Opinions: An International Study." *International Journal of Public Opinion Research* 13: 141-157.
細野豊樹、2009「2008年アメリカ大統領・連邦議会選挙の分析」『国際問題』No. 579、国際問題研究所、41-62ページ。

第8章　結論：2008年大統領選挙と
オバマの当選の意味

吉野　孝

(1) 2008年の大統領選挙の意味

　本書の目的は，2008年のアメリカ大統領選挙過程全体に焦点を合わせ，2008年の大統領選挙の意味，そしてオバマが大統領に当選した意味を多面的に検討することにあった。これまでの7章にわたる検討から，次のような暫定的結論を引き出すことができるであろう。

　本書が取り組んだ第1の疑問は，2008年の大統領選挙により「分断されたアメリカ」が修復されたのか否か，そして，もし修復されたとするなら，それはどのようにしてなのか，であった。この疑問に対しては，次のように答えることができるであろう。

　歴史的に考えると，ここ半世紀の2大政党の対立の進展は，南部の政治的影響力の増大という社会変化，アメリカに特有の集団競争の動態を反映していた。それにもかかわらず，とくに2000年の大統領選挙以降に「分断されたアメリカ」という表現が使われたのは，1) イラク戦争問題をきっかけとした政治家・政党支持者の間の対立の激化，2) 選挙運動における「対立をあおる選挙レトリック」の利用，3)「統一政府」のもとでの対決型政党政治スタイルの台頭など，特殊な政治状況が出現していたからである (第1章)。

　このような点からみると，2008年の大統領選挙はかなり様相を異にしていた。まず，大統領の道徳やイラク戦争の是非など正面から政党対立を引き起こす政治争点は存在せず，最初は，もっぱらイラクからの米軍撤退時期，ブッシュ政権の実績評価などが争点となった。民主党では，「変化」と「1つのアメリカ」を訴えるオバマが大統領候補者の指名を獲

得し，それらが後の選挙戦の主要テーマとなった（第2章）。さらに，本選挙の開始後の9月より，サブプライムローンの破綻処理と金融および経済危機への対応が差し迫った政策課題として浮上した。その結果，選挙には「対立化争点」も「対立型レトリック」も入り込む余地はなくなった（第3章）。

　2008年の大統領選挙で「分裂するアメリカ」から「1つのアメリカ」へと主題が変化したことを，多くの選挙民も認識していた。たとえば，『USAトゥデー』とギャラップの調査によると，「アメリカが直面する主要問題に関して，過去数年と比較して，意見の相違はより深刻と思いますか」という質問に対して，「そう思う」と答えた者の比率が2000年12月に64％，2004年11月に72％であったものが，2008年11月には57％に低下した。また，「あなたがいずれの大統領候補者を支持したか否かにかかわらず，オバマ／ブッシュ政権はアメリカの政治的分断を修復できると思いますか」という質問に対して，2000年と2004年の調査では「できないと思う」と答えたものの比率が多かった——それぞれ53％，64％——のに対して，2008年の場合，「できると思う」と答えた者の比率は54％と半数を超えたのである[1]。

　しかしながら，2008年の大統領選挙がアメリカ政治の変化の1側面——「分裂」から「統合」へ——を示すものであるとしても，それはアメリカの選挙民や団体の政治行動の変化を反映しているわけではない。

　たとえば，ピュー・リサーチセンターの調査によると，2000年から2008年までのアメリカの選挙民の間でのイデオロギー分布で，予想に反して，自身をリベラルまたは保守と考える者の比率はわずかに増加——リベラルは18％から21％に，保守は36％から38％に増加——している。しかも，政党支持者の間での意見相違はさらに拡大する傾向がある。民主党支持者の間で自身をリベラルと考える者の比率は，27％（2000年）から34％（2008年）に上昇し，共和党支持者の間で自身を保守と考える者の比率は，63％（2000年）から68％（2008年）にやはり上昇しているのである[2]。

また，注目に値するのは，活性化された宗教勢力の存在である。今回，共和党では宗教右派が全面的に支持する候補者がおらず，予備選挙においてであれ本選挙においてであれ，宗教右派の動きは活発ではなかった。また，宗教右派の間で内部分裂も起こり，広範な組織力は過去のものとなっていた。むしろ，今回の選挙で注目されるのは，保守派クリスチャンを代表する福音派の一部がオバマ支持に回り，オバマの大統領就任後は政権への接近を図った，ことである（第5章）。

要するに，表面上，2008年の大統領選挙では対立の様相は目立たなくなったとはいえ，選挙民および政党支持者の間での意見相違は拡大しつつあり，また，宗教勢力は，新世代の台頭とともに無党派のアクターになりつつある。したがって，今回の選挙は「変化」と「1つのアメリカ」を主張するオバマの勝利で終わったものの，これらを主題とする政党政治が長期的に続く保証はないのである。

(2) オバマが大統領に当選した意味

本書が取り組んだ第2の疑問は，オバマが大統領に当選したことがどのような意味をもつのか，であった。

オバマがアメリカ初のアフリカ系アメリカ人として民主党で大統領候補者に指名され，また，本選挙ではマケインを破って大統領に当選したことは，言うまでもなく「歴史的事件」であった。また，アメリカ初のアフリカ系アメリカ人大統領がアメリカ初の女性大統領より先に誕生したことも注目された。しかしながら，このような「歴史的事件」が簡単に起こったわけではない。むしろ，これはきわめて特殊な条件のもとで可能であったことに注意する必要があろう。

第1に，2008年の大統領選挙の底流には，イラク戦争批判とブッシュ政権の政治運営に対する不満が存在した。とくにブッシュ政権が2期8年続いたため，ワシントン批判，既成政治批判も強まっていた（第3章）。第2に，ヒラリー・クリントンは大統領候補者指名競争でワシントンでの経験を強調し，アメリカ初の女性大統領の誕生の必要性を訴えたもの

の，逆に彼女は「ワシントン政治の一部」とみなされ，また，メディアへの露出度の高さが「クリントン疲れ」を引き起こした（第2章，第6章）。第3に，共和党候補者のマケインは，宗教右派の支持をまとめることができなかった。そして彼は，一貫してブッシュ大統領のイラク戦争政策を支持したために，その支持は中道選挙民に拡がらず，また，9月以降，サブプライムローンの破綻処理と金融および経済危機に対して具体的な政策案を提示することができなかった（第3章）。

　このような事態の中で効果を発揮したのが，オバマの選挙戦略であった。オバマは，非公式な場ではアフリカ系アメリカ人に対して自分たちの代表が大統領候補になることに誇りをもたせようとする一方で，公式の場では「1つのアメリカ」を主張し，アイデンティティ政治の戦略を放棄して，経済成長により人種対立によって生じる摩擦を回避する戦略を採用した（第4章）。そして，彼はインターネット戦略とコミュニティ組織化をつうじて空中戦と地上戦の両方を駆使して，票を動員し（第2章，第3章），しかも，今回の選挙で本格化したYouTubeとビデオのアップロード・共有は，今後の選挙民－政治家関係を大きく変更する潜在性をもっている（第6章）。

　ところで，オバマが大統領に当選したことがアメリカ政治にどのような含意をもつのかを明確に予測することは困難であるとしても，少なくとも2つの可能性を指摘することはできるであろう。

　第1は，オバマが人種／アイデンティティ政治を放棄して，大統領に当選したことを考えると，将来の大統領候補者はアイデンティティ政治を主要な戦略にする限り，大統領選挙で当選することが難しくなることが予想される。この問題にもっとも直面する可能性が高いのは，おそらくヒラリー・クリントンであろう。もし彼女が2012年の大統領選挙への出馬を意図し，再度，女性運動を組織化して，アメリカ初の女性大統領の誕生の必要性を強く訴えても，それには効果がないであろうし，逆にアイデンティティ政治の一種として批判される可能性が高い。

　第2は，オバマが大統領に当選したことにより，アメリカにおける人

種差別問題の見方が複雑化する可能性が高い。まず，オバマは自身を「アフリカ系アメリカ人」と呼び，昔からの公民権運動家とは一線を画していた。しかし，白人からみると，オバマは「黒人」であり，オバマ大統領の誕生は「黒人」が大きな障害を乗り越えたようにうつる。これは選挙直後に，白人と黒人の意識の差として現れた。ABCと『ワシントン・ポスト』の調査によると，「アメリカにおける人種差別を大きな問題と思うか否か」という質問に対して，1996年7月には黒人の93%，白人の89%が人種問題を「大きな問題である」と回答した。しかし，2009年1月には，人種差別を「大きな問題である」と答えた黒人の比率が85%となり，8ポイントの減少であったのと比較して，同様に答えた白人は72%，倍以上の17ポイントも減少した[3]。もしこの態度がそのまま政策選好に反映されるなら，アファーマティヴ・アクションを含む人種差別撤廃政策を継続するか否かの認識において，白人と黒人の間で大きな差が生じることになるであろう。

(3) 今後の研究課題

ところで，2008年の大統領選挙がなぜこのような結果になったのか，それがアメリカ政治に対してどのような効果をもつかについては，なお検討すべき課題が残されている。中でも，とくに重要なのは次の2点である。

①暫定的結論の個人データによる検証

本書では，大統領選挙の結果を多面的に分析するため，各種の世論調査，州単位の集計データ，投票日当日の出口調査などの結果が利用された。とくに第7章では，州単位の集計データを利用して，人種，所得，教育程度，年齢，信仰の5要因から2004年と2008年の選挙における州ごとの民主党候補者の得票率の違いが説明された。しかし，これらのデータには大きな限界がある。今回の大統領選挙では，どのような投票者が，どのように争点に関心をもち，どのように投票したのかを解明するためには，やはりアメリカ全国選挙研究 (American National Election Studies) な

どの個人レベルデータが公開されるのを待たなければならない。

今回の大統領選挙結果には，多くの謎がある。第1に，オバマ陣営が活発に集票活動を行ったと報道されているのにもかかわらず，今回の大統領選挙の投票率がとくに高くなかった[4]ことを考えると，オバマが従来の民主党支持層に加えて新しい集団を動員して勝ったのか，それとも，マケインが従来の共和党支持層をまとめきれずに負けたのか，が不明確である。

第2に，今回の選挙については，イラク戦争批判，ブッシュ政権の政治運営についての評価の低さ，オバマの「変化」と「1つのアメリカ」という選挙テーマによりすでに8月にはオバマ勝利の流れが決まっており，それを経済サブプライムローンの破綻処理と金融および経済危機が後押しをしたという解釈がある。しかし，この解釈が妥当であるか否かは，まだ証明されてはいない。

第3に，オバマは予備選挙段階から「変化」と「1つのアメリカ」を訴え，インターネットを活用することにより若年の支持者を動員したと報道され，また，オバマが18～29歳の年齢層，初投票者から多くの支持をえたことが多くの出口調査によって明らかにされている。しかし，本当に若年投票者はオバマをどのように認識し，どのように投票したのかは解明されていない。

第4に，今回の大統領選挙では，「ブラッドリー効果」の有無を含め，人種というファクターが投票行動にどのような影響を及ぼすのかに関心が集中した。しかし，これまでアフリカ系アメリカ人が2大政党のいずれか一方から立候補し，大統領に当選したことがなかったので，たとえばアフリカ系アメリカ人候補者という人種ファクターが，白人，男性，女性，黒人，ヒスパニックなどの異なる選挙民の投票行動にどのようなインパクトを及ぼすのかはほとんど理解されていない。

もし個人レベルのデータの利用が可能になると，これらの謎を解明し，なぜ2008年の大統領選挙がこのような結果になったのかを，より詳細に検討することができるであろう。

②アメリカ政治の転換

　すでに第1章で明確にしたように、2大政党の政策展開は1950年代のリベラル・コンセンサスから離脱する過程として始まり、1960年代以降、共和党は中道から保守へ、民主党はリベラルから中道へとそれぞれ政策立場を変えた。民主党をより保守化させたビル・クリントンは1996年1月の一般教書演説で「大きな政府の時代は終わった」と宣言し、同年の大統領選挙で女性と高齢者中心の選挙民連合を形成しようとした。ジョージ・W・ブッシュはこれに対抗するために、2000年の大統領選挙で「思いやりのある保守主義」を掲げ、彼の支持基盤をヒスパニックにまで拡大しようとした。そして、2008年の大統領選挙で、「変化」と「1つのアメリカ」という選挙テーマと大規模な経済対策を掲げて大統領に当選したのがバラク・オバマであった。

　それでは、このような大きな政策展開の流れの中で、オバマ大統領の当選はどのように位置づけられるのであろうか。少なくとも、オバマ大統領の当選により、1960年代から続いてきたアメリカの保守化傾向、言い換えると「アメリカ政治の南部化」が一旦止まるのは明らかであろう。また、とくに現在の経済危機の深刻さを考えると、オバマ大統領の誕生により、少なくともしばらくの間は「大きな政府」が出現するのは事実であろう。

　しかし、問題はそれがいつまで続くのかである。「大きな政府」の出現はいわば緊急非難であり、経済が回復すると同時に「小さな政府」に復帰するのであろうか。経済が回復しても、「大きな政府」は維持されるのであろうか。それとも、財政保守という「小さな政府」と、市場経済をある程度規制するという「中位の政府」が模索されるのであろうか。これはまさに歴史的に民主・共和の2大政党が激しく競争してきた対立点であり、将来の2大政党がどのような対立軸に沿って競争するのかは、現在の政治経済問題がどのように解決され、それが誰に引き継がれるかによって決まるのである。

　この意味において、オバマが大統領に当選したことは、アメリカ政治、

アメリカの2大政党の競争関係, そして, アメリカのアイデンティティの見直しの「引き金」となるきわめて重要な出来事であったのである。

注
1 http://www.gallup.co.jp/election/election127.html?stylesheet.
2 http://pewresearch.org/pubs/1042/winds-of-political-change-havent-- shifted-publics-ideology-balance.
3 http://www.washingtonpost.com/wp-dyn/polotics/documents/postpoll011709.html.
4 ジョージメイソン大学のマイケル・マクドナルドの合衆国選挙プロジェクトによると, 2008年の大統領選挙の投票率は56.8%である。これに対して, ビル・クリントンが初当選した1992年の投票率は54.7%, ジョージ・W・ブッシュが再選された2004年の投票率は55.4%であった。http://election.gmu.edu/turnout_2008G.html.

エピローグ

　本書の出版を思いついたのは，早稲田大学の日米研究機構の研究会の企画を立てているときであった。早稲田大学では2008年4月より日米研究機構――「早稲田大学の各学術院に分散する個々の研究者と，アメリカ側の研究パートナーに共同研究の場を提供する」という新しいタイプの研究所――が設置され，偶然にも編著者の1人が研究プロジェクト「アメリカ社会，政治，経済，文化」のとりまとめ役を引き受けた。2008年はアメリカの大統領選挙の年であったので，①大統領選挙と政党対立，②2大政党の候補者指名競争，③イラク戦争問題の2008年大統領選挙への効果，④2008年大統領選挙における宗教右派の役割，⑤2008年大統領選挙における投票行動，⑥2008年大統領選挙の解釈，という研究疑問にしたがい，2008年7月から2009年1月にかけて合計6回の研究会を開催した。研究会を重ねるうちに，これだけで終わらせることがますます惜しくなり，報告者の賛同をえて，報告を加筆訂正して，1冊にまとめたのが本書である。

　日本におけるアメリカ政治の研究の歴史は長く，研究者の数も多い。政治以外のアメリカに関する研究や著書はさらに多く，メディアをつうじて毎日のようにアメリカに関する多量の情報が日本に流入する。それにもかかわらず，分析や意味づけが十分になされないまま，過去のものとして忘れ去られてしまうのが，大統領選挙である。メディアは大統領予備選挙および本選挙が行われている間は，候補者の発言と行動，予備選挙結果などを詳細に報道するものの，一旦，選挙が終了し投票結果が明らかになると，メディアの関心は「今後の日米関係はどうなるのか」

に移ってしまう。そこで本書は，現在アメリカはまさに自己刷新の過程にあるという前提から，2008年の大統領選挙を多面的に検討し，同選挙とオバマ大統領の当選の意味を暫定的に評価しようと試みた。

　本書の目的は，2008年の大統領選挙およびオバマの当選の意味を多面的に検討することにあり，各章は共通のテーマのもとに書かれているものの，内容において各章は独立し完結している。したがって，執筆者のオリジナリティーを重視して，調整は専門用語，カタカナと数字の表記などの統一にとどめた。2名のアメリカ人研究者の原稿のうち，吉野が第5章の翻訳原稿を点検し，前嶋と飯田が第6章を最初から翻訳した。また，結論の下書きを吉野が書き，各章の担当者から意見を聞いて加筆訂正した。もっとも，2008年のアメリカの大統領選挙全体を1冊の書籍で評価することは不可能であり，今後のオバマ大統領の活動とその実績により2008年選挙の評価も大きく変更される。本書が，今後のアメリカ大統領選挙とオバマ政権を考えるうえでの1つの基準点となることができれば幸いである。

　本書の刊行にあたり，多くの方々の暖かいご支援をいただいた。まず，早稲田大学の日米研究機構には，研究報告をまとめて出版することを快く認めていただき，さらに英文原稿の翻訳を専門業者に依頼する費用を予算から支出してもらった。日米研究機構長の藪下史郎先生，同機構の岩城雅信事務長に心からの謝意を表したい。また，定例研究会の報告者との連絡や会場の準備，専門業者への翻訳依頼その他の手続きで，事務局の鈴木恭子さん，波多野篤子さんにはとくにお世話になった。ここであらためてお礼を申しあげたい。

　最後に，この出版企画を引き受け，いろいろ相談にのっていただき，執筆者の原稿が完成するまで辛抱強く待っていただいた東信堂社長の下田勝司氏には，心よりお礼を申しあげたい。

　　　2009年3月

　　　　　　　　　　　　　　　編著者を代表して　　吉野　孝

事項索引

〔あ行〕

アイオワ州党員集会　30-32, 74, 124, 143n
アイゼンハワー政権　6-8
アイデンティティ政治　36, 71, 82, 168
アイデンティティと経済のトレードオフ
　　71, 72, 79, 83-85, 90
アファーマティヴ・アクション　17, 20,
　　78, 79, 83, 86, 169
アフガニスタン　63, 64, 107
アメリカ政治の南部化　171
アルカイダ　64, 65
アンネンバーグ公共政策センター　151
イラク　56-60, 64, 165
イラク情勢／問題　34, 35, 51,
　　55-57, 63, 640
イラク戦争　i, 23, 25, 26, 30, 48,
　　64, 121, 165, 167, 168, 170
イラン問題　56
医療保険改革　65
インフレーション　81, 87, 88, 90
ウォーターゲート事件　17
エヴァンジェリカル　96-99, 106, 107,
　　110-112, 114-117, 119
エンジェル対ヴァイテル事件判決
　　(Engel v. Vitale)　10
オバマ現象　iii, 29, 44, 48, 49
オバマ政権　79, 90, 93, 96,
　　106, 113, 115, 118, 166
「思いやりのある保守主義 (compassionate
　　conservatism)」　13-15, 171

〔か行〕

家族フォーカス・アクション　99, 106
合衆国国勢調査局　151
カーター政権　18, 88
カトリック　4, 12, 15, 97, 98
環境　56, 60, 66-68, 112, 113
議題建設機能 (agenda-building function)
　　59
議題設定機能 (agenda-setting function)
　　59, 68n
北朝鮮　64
救世主　107
共和党の保守化　7-9, 11, 15
空中戦　44, 52, 54
クリスチャン　iv, 150
クリスチャン・シオニズム　101
クリスチャン連合　99
クリントン政権　21, 24, 25, 124, 129, 141
「クリントン疲れ (Clinton fatigue)」
　　47, 168
経済問題／経済危機　55-63, 107,
　　121, 166, 168, 170
黒人　4, 5, 9, 13, 15, 20, 26, 31, 51,
　　73, 74, 78, 90, 91n, 95, 101,
　　109, 114, 116, 117, 126, 132, 143,
　　146, 149-152, 156-161, 169, 170
ゴッド・ギャップ　98, 111, 118

〔さ行〕

サウスカロライナ州予備選挙　125
シビル・ユニオン　109
ジャップバッシング　89
宗教右派　iii, iv, 11-14, 23, 25, 96-100,
　　102-105, 107-110, 112-115, 118, 167, 168
宗教原理主義者　12
宗教左派　110

宗教保守　14, 31, 48
自由貿易協定　26, 62
終末論　107
ジョンソン政権　16
シリア　64
信仰基盤・近隣パートナーシップ　116
信仰に基づく組織／イニシアチブ（FBI）
　14, 115, 116
人工妊娠中絶　5, 11-13, 17, 21, 23, 24, 97,
　100-103, 105, 106, 110-113, 116-118
人工妊娠中絶禁止　11-13, 35,
　100, 110, 113
スーパーチューズデー　19, 30, 31,
　33, 125, 129, 143n
政教分離　104, 105, 115, 116
政党綱領　3, 4, 9-11, 13, 17, 18, 21
戦場州　146
ソーシャル・ネットワーキング・サービ
　ス（SNS）　iii, 37

〔た行〕

タリバン　64
地上戦　43, 44, 52
中絶→「人工妊娠中絶」
中絶禁止→「人工妊娠中絶禁止」
中道　13, 15, 19, 21, 22, 25, 35,
　54, 80, 81, 96, 98, 125, 168, 171
提案8号　108, 114
テロ対策　i, 23, 25, 56, 57,
　59-61, 64, 65, 107
統一政府（unified government）　24, 25,
　52, 165
同性愛　13, 21, 24, 97, 100, 101,
　103, 109, 113, 114, 116, 117
同性結婚　23, 106, 108, 109, 114
同性結婚禁止　13, 96, 100, 105, 108, 109

〔な行〕

『ナショナル・レビュー（*National Review*）』
　6, 7, 9
南部戦略（southern strategy）　11, 14, 22
南部梃子入れ運動　7, 9
南部の政治的影響力の増大　iii, 23, 165
ニューディール政策　4, 8, 34, 36, 62
ニューデモクラット派（New Democrat）
　19-21
ニューハンプシャー州予備選挙　29, 31,
　32, 124, 125, 143n
ニューレフト＝マイノリティ派　16-18, 21
妊娠中絶の禁止　100, 105
ネオリベラル派（Neoliberal）　16-19, 21
ネット勝手連　40, 43

〔は行〕

パキスタン　63, 64
パック・ジャーナリズム症候群　32
反（アンチ）キリスト　107, 108
バンドラー　43
ヒスパニック／スペイン語話者　iv, 16,
　26, 74, 80, 82, 86, 97, 108, 109, 133, 146,
　149, 151, 153, 157-161, 163n, 170, 171
「1つのアメリカ」　ii, 26, 145,
　165-168, 170, 171
ピュー・リサーチセンター　151, 166
ファンダメンタリスト（宗教原理主義者）
　12, 98, 99, 103
「フィッシュタウン効果」　83, 84
フィリバスター（議事妨害）　52
フェースブック　39
不都合な真実　67
ブッシュ政権　14, 24, 25, 34, 35, 45, 54,
　62-64, 68, 115, 117, 150, 165-167, 170
ブラウン事件判決（Brown v. Board of
　Education）　5
「ブラッドリー効果」　73, 81, 83, 84, 170
プロ・チョイス　106, 110-113, 117

プロ・ライフ　100, 102, 104, 105, 110-113
プロテスタント　12, 16, 76, 97-99, 100, 116
フロント・ローディング現象　31, 32, 124, 125
　　超——　29, 33
「分断されたアメリカ」　i-iii, 23, 24, 145, 165
北米自由貿易協定　62
ボーンアゲイン　97-99

〔ま行〕

マイクロターゲット戦略 (microtargeting)　124
マイスペース　39
『マイドリーム：バラク・オバマ自伝』　120, 123
マイ・バラック・オバマ・ドット・コム　37-39, 42, 43
マタイ25ネットワーク (Matthew 25 Network)　98, 110
民主党研究グループ (Democratic Study Group)　6
民主党指導者会議 (Democratic Leadership Council)　19-21, 25
民主党の中道化・保守化　19-22, 171
民主党のリベラル派　6, 15-18, 20, 21
紫のアメリカ　148
メガ・チューズデー　33
モラル・マジョリティ (Moral Majority)　13, 99
モルモン教　103, 109

〔や行〕

『やがて来る民主党多数派の時代』　35, 36
ユダヤ教　98, 114-116
ヨシュア世代　111

〔ら行〕

「ラストベルト (Rustbelt) 地域」　35, 71, 83, 84, 90
ラティーノ／ラテン系　34-36, 126, 132
リーマンショック　58, 61, 63
リベラル原理主義　20
リベラル・コンセンサス　4, 8, 171
リベラル派　15-18
リポン協会 (Ripon Society)　6
レーガン革命　52, 88
レーガン政権　18, 99
「レーガン・デモクラット」　71, 83
ロウ対ウェイド事件判決 (Roe v. Wade)　11

〔英字・数字〕

"It's the economy, stupid"　62
Facebook.com　136
SNS　37-39, 41, 42, 44
YouTube　30, 37, 39, 40, 45, 100, 102, 136, 137, 141, 168
9.11同時多発テロ　101, 103
50州戦略　53
2002年選挙資金改革法 (Bipartisan Campaign Reform Act of 2002)　54

人名索引

〔あ行〕

アイゼンハワー, D.（Eisenhower, Dwight）　5-9
ウィンフリー, O.（Winfrey, Oprah）　79, 88
ヴィゲリー, R.（Viguerie, Richard）　12
ウォーレス, H.A.（Wallace, Henry A.）　16
ウォーレン, R.（Warren, Rick）　100, 104, 112-114
ウォッテンバーグ, M.（Wattenberg, M.）　127
ウォリス, J.（Wallis, Jim）　111-113, 116, 118
ウォレス, G.（Wallace, George）　133
エドワーズ, J.（Edwards, John）　iv, 26, 123-125
オバマ, B.（Obama, Barak）　ii-iv, 26, 29, 30, 33-49, 51-55, 57-59, 61-68, 71-91n, 95, 97, 98, 100, 101, 106-108, 110, 111, 113-119n, 121-123, 125-135, 137, 139, 141, 142n, 143n, 145, 146, 150, 159-161, 165-171, 174
オバマ, M.（Obama, Michelle）　43, 88

〔か行〕

ガーソン, M.（Gerson, Michael）　118
カーター, J.（Carter, Jimmy）　12, 17, 18, 46, 64, 82, 88
キング, M.L.（King, Martin Luther）　5, 77, 78, 128
ギングリッチ, N.（Gingrich, Newt）　141
グラハム, B.（Graham, Billy）　100
クリントン, H.（Clinton, Hillary）　i, iv, 20, 25, 26, 29, 30, 42, 44, 47, 54, 55, 65, 73, 77, 82, 121-131, 134-136, 139, 142n, 167, 168
クリントン, B.（Clinton, Bill）　iv, 19-22, 24, 46, 47, 52, 62, 65, 122, 124, 125, 128-135, 139, 141, 171
ケネディ, J.F.（Kennedy, John F.）　5, 7, 34, 46, 47, 52, 88
ケリー, J.（Kerry, John）　20, 23, 46, 97, 98, 126, 135, 146, 158, 160
ゴア, A.（Gore, Al）　14, 19, 46, 67, 97
ゴールドウォーター, B.（Goldwater, Barry）　7, 9, 15

〔さ行〕

サーモンド, S.（Thurmond, Storm）　10, 16
ジャクソン, J.（Jackson, Jesse）　18, 77, 78, 82, 128
シャットシュナイダー, E.E.（Schattschneider, E.E.）　130
ジュディス, J.B.（Judis, John B.）　35
ジュリアーニ, R.（Giuliani, Rudolph）　25, 31, 65, 103, 105
ジョーンズ, B.（Jones, Bob）　103
ジョンソン, L.B.（Johnson, Lyndon, B.）　7, 46, 51, 128
ジンダル, B.（Jindal, Bobby）　140
スティーヴンソン, A.E.（Stevenson, Adlai E.）　15
スティール, M.（Steel, Michael）　140
スペクター, A.（Specter, Arlen）　117
ソンガス, P.S.（Tsongas, Paul S.）　17, 20

〔た行〕

ダール, R.（Dahl, Robert）　122

タンクレード，T.（Tancredo, Tom）　59
ディーン，H.（Dean, Howard）　38, 53
テシーラ，R.（Teixeira, Ruy）　35, 36
デュカキス，M.S.（Dukakis, Michael S.）　17, 18, 20
デュボイス，J.（DuBois, Joshua）　117
ドッド，C.J.（Dodd, Christopher J.）　17, 26, 123
ドブソン，J.（Dobson, James）　99, 100, 103, 104, 106, 117
ドール，E.（Dole, Elisabeth）　52
ドール，B.（Dole, Bob）　46, 52, 134, 135
トルーマン，H.S.（Truman, Harry S.）　15
トンプソン，F.（Thompson, Fred）　25

〔な行〕

ニクソン，R.M.（Nixon, Richard M.）　7, 10, 11, 15, 22, 46, 80, 81, 129

〔は行〕

バイデン，J.（Biden, Joe）　26, 43, 52, 53, 77, 123, 131
バウアー，G.（Bauer, Gary）　103
パウエル，C.（Powell, Colin）　88
パーキンス，T.（Perkins, Tony）　105, 117
ハッカビー，M.（Huckabee, Mike）　25, 31, 105
ハート，G.（Hart, Gary）　17, 18
ハンター，J.（Hunter, Joel）　116
ハンフリー，H.H.（Humphrey, Hubert H.）　15, 16
ビンラディン，U.（bin Lādin, Usāma）　65
ファルウェル，J.（Falwell, Jerry）　12, 13, 99, 100-102, 105, 114
フィオリーナ，M.P.（Fiorina, Morris P.）　24, 162n
フィリップス，K.（Phillips, Kevin）　36
フィリップス，H.（Phillips, Howard）　12

フォード，G.（Ford, Gerald）　46, 82
ブキャナン，B.（Buchanan, Patrick）　10
ブッシュ，G.（父 Bush, George）　45, 46, 65, 67
ブッシュ，G.W.（Bush, George W.）　i, iv, 13-15, 23, 24, 34, 45, 51, 54, 62, 64, 68, 83, 111-113, 126, 135, 141, 145, 149, 150, 158-160, 165, 166, 170, 171
ヘイギー，J.（Hagee, John）　101, 102
ペイジ，F.（Page, Frank）　116
ペイリン，S.（Palin, Sarah）　48, 49, 55, 96, 104, 105, 131, 140
ペロシ，N.P.（Pelosi, Nancy P.）　i, 140
ペン，M.（Penn, Mark）　123, 124, 128, 143n

〔ま行〕

マクガヴァン，G.（McGovern, George）　7, 16, 17
マケイン，J.（McCain, John）　iii, 25, 29, 31, 40-42, 44, 48, 49, 51-54, 55, 57, 58, 61, 63-68, 77, 78, 95, 97, 100-105, 108, 121, 128, 131, 146, 150, 159, 160, 168, 170
マコーネル，M.（McConnell, Mich）　52
モンデール，W.F.（Mondale, Water, F.）　18

〔ら行〕

ライト，W.（Wright, Jeremiah）　30, 55, 100, 101, 129, 137
ラッサート，T.（Russert, Tim）　127
ラッセル，R.（Russell, Richard）　16
ラヘイ，T.（LaHaye, Tim）　108
ランド，R.（Land, Richard）　103
リチャードソン，B.（Richardson, Bill）　26
リプセット，S.M.（Lipset, Seymour M.）　123
リンカーン，A.（Lincoln, Abraham）　34, 122, 123
リンゼイ，H.（Lindsey, Hal）　107

リンボー, R.（Linbaugh, Rush） 140
ルーズヴェルト, F.D.（Roosevelt, Franklin D.） 4, 34, 36
レーガン, R.（Reagan, Ronald） 12, 13, 15, 46, 52, 96, 99, 129
ローヴ, K.（Rove, Karl） 14, 52, 80
ロバートソン, P.（Robertson, Pat） 12, 99-101, 103
ロビンソン, G.（Robinson, Gene） 114
ロムニー, M.（Romney, Mitt） 25, 31, 65, 103, 105
ロワリー, J.（Lowery, Joseph） 114

〔わ行〕

ワイリック, P.M.（Weyrick, Paul M.） 12, 103

執筆者紹介(○印 編者)

○吉野　孝(よしの　たかし)　プロローグ，第1章，第8章，エピローグ
　　1954年生まれ。早稲田大学政治経済学部政治学科卒業。同大学院政治学研究科博士課程修了。1984年から1986年までウィスコンシン大学(マディソン)政治学大学院留学。1991年から1993年までジョンズ・ホプキンス大学・高等国際問題研究大学院客員研究員。1995年から早稲田大学政治経済学術院教授。専攻は，英米政治学，政党論，アメリカ政治。主要著作は，『誰が政治家になるのか』(共著，2001年)，『現代の政党と選挙』(共著，2001年)，『2005年度版　現代日本政治小事典』(共著，2005年)。現在の研究関心は，アメリカ政治の再編成，政治家リクルートメントなど。

飯田　健(いいだ　たけし)　第7章
　　1976年生まれ。同志社大学法学部政治学科卒業。同大学院アメリカ研究科博士課程前期修了を経て，2007年テキサス大学(オースティン)政治学博士課程修了(Ph.D)。現在，早稲田大学高等研究所・助教。主要著作は，『投票行動研究のフロンティア』おうふう(共編著，2009年)。専攻は政治行動論，政治学方法論，アメリカ政治で，現在の研究関心は，日米有権者の選挙でのリスク態度，日本における政権交代の可能性，日米の世襲議員の比較など。

上坂　昇(こうさか　のぼる)　第5章
　　1942年生まれ。東京外国語大学卒業後，時事通信社，小学館，在日アメリカ大使館を経て，現在，桜美林大学教授(アメリカ研究)。著書(単著)は，『アメリカの保守勢力―政治を動かす宗教右翼たち』(ヨルダン社，1984年)，『アメリカ黒人のジレンマ』(明石書店，1987年，増補版1992年)，『アメリカの貧困と不平等』(明石書店，1993年)，『キング牧師とマルコムX』(講談社現代新書，1994年)，『神の国アメリカの論理―宗教右派によるイスラエル支援，中絶・同性結婚の否認』(明石書店，2008年)。共著は，『アメリカと宗教』(日本国際問題研究所，1997年)，『宗教とナショナリズム』(世界思想社，1997年)，『現代アメリカ政治の変容』(勁草書房，1999年)，『アメリカと東アジア』(慶應義塾大学出版会，2004年)，『クラブが創った国アメリカ　結社の世界史5』(山川書店，2005年)など。訳書は，アンドリュー・ハッカー『アメリカの二つの国民』(明石書店，1994年)，シーモア・M・リプセット『アメリカ例外論』(明石書店，1999年，金重紘との共訳)。

Collet, Christian（コレット クリスチャン）　第6章
　1970年生まれ。カリフォルニア大学（バークレー）卒業。カリフォルニア大学（アーバイン）大学院政治学博士課程修了（Ph.D）。カリフォルニア大学（アーバイン）講師，ヴェトナム国立大学研究員を経て，2005年から同志社大学大学院アメリカ研究科助教授，2008年から国際基督教大学准教授。専攻は，アメリカ合衆国および環太平洋諸国における世論と政治。主要著作は，"Minority Candidates, Alternative Media and Multiethnic America: Deracialization or Toggling," *Perspectives on Politics*, December 2008 ; "The Declining Significance of Ralph: The 2004 Elections and the Future of Independent and Minor Party Politics in the United States," in John H. Green and Daniel Coffey, eds., *The States of the Parties,* 5th ed., 2007. など。

○前嶋　和弘（まえしま かずひろ）　第2章，第3章
　1965年生まれ。上智大学外国語学部英語学科卒業後，新聞記者生活を経て1994年渡米。ジョージタウン大学大学院政治学部修士課程修了（MA），メリーランド大学大学院政治学部博士課程修了（Ph.D）。2002年に帰国し，敬和学園大学人文学部専任講師に着任。2005年同助教授（准教授）。2008年から文教大学人間科学部人間科学科准教授。専攻はアメリカ政治（主に，メディア，議会，選挙）。主要論文は「米国の大統領選挙予備選過程の変化とメディア」（『選挙学会紀要』第4号，2005年），「米国連邦議会における中国に対する恒常正常通商関係（PNTR）法案成立要因の分析」（『アメリカ研究』第36号，2002年）など。

Mirikitani, John Masa（ミリキタニ ジョン・マーサ）　第4章
　1962年生まれ。カリフォルニア大学（バークレー）卒業。ミシガン大学ロースクール卒業（J.D.）。ハワイ大学教育学部卒業。イェール大学大学院経済学修士博士課程修了（M.A., M.S., Ph.D.）。現在は，テンプル大学ジャパン助教授。慶應義塾大学客員研究員。専攻は，産業組織論，公共経済学，労働・教育経済学。現在の研究関心は，行動金融論，国際貿易。主要論文は，"Rational Exuberance: An Event Analysis of the 2008 Olympics Announcement", with Michael Leeds and Danna Tang, *International J. Sport Finance,* 2009, Vol.4. など。

2008年アメリカ大統領選挙：オバマの当選は何を意味するのか

2009年8月10日	初　版第1刷発行	〔検印省略〕
		定価はカバーに表示してあります。

編著者Ⓒ吉野　孝・前嶋和弘／発行者　下田勝司　　　　印刷・製本／中央精版印刷

東京都文京区向丘1-20-6　　郵便振替00110-6-37828　　　　発 行 所
〒 113-0023　TEL(03)3818-5521　FAX(03)3818-5514　　株式会社 東 信 堂
Published by TOSHINDO PUBLISHING CO., LTD.
1-20-6, Mukougaoka, Bunkyo-ku, Tokyo, 113-0023 Japan
E-mail : tk203444@fsinet.or.jp　http://www.toshindo-pub.com

ISBN978-4-88713-925-1　C3031　Ⓒ YOSHINO, Takashi,
　　　　　　　　　　　　　　　　　MAESHIMA, Kazuhiro

東信堂

スレブレニツァ――あるジェノサイドをめぐる考察	長 有紀枝	三八〇〇円
2008年アメリカ大統領選挙――オバマの勝利は何を意味するのか	吉野孝・前嶋和弘編	二〇〇〇円
政治学入門	内田 満	一八〇〇円
政治の品位――日本政治の新しい夜明けはいつ来るか	内田 満	二〇〇〇円
「帝国」の国際政治学――冷戦後の国際システムとアメリカ	山本吉宣	四七〇〇円
解説 赤十字の基本原則――人道機関の理念と行動規範	J・ピクテ 井上忠男訳	一〇〇〇円
医師・看護師の有事行動マニュアル――医療関係者の役割と権利義務	井上忠男	一二〇〇円
社会的責任の時代		
国際NGOが世界を変える――社会の黎明	功刀達朗編著	三二〇〇円
国連と地球市民社会の新しい地平	毛利勝彦編著	二〇〇〇円
実践 ザ・ローカル・マニフェスト	功刀達朗編著	三四〇〇円
実践 マニフェスト改革	野村彰男編著	二〇〇〇円
受動喫煙防止条例	松沢成文	一八〇〇円
NPO実践マネジメント入門	松沢成文	二三〇〇円
インターネットの銀河系――ネット時代のビジネスと社会	松沢成文	一二三八円
(現代臨床政治学シリーズ)	M・カステル著 矢澤・小山訳 パブリックリソースセンター編	二三八一円 三六〇〇円
リーダーシップの政治学	石井貫太郎	一六〇〇円
アジアと日本の未来秩序	伊藤重行	一八〇〇円
象徴君主制憲法の20世紀的展開	下條芳明	一八〇〇円
ネブラスカ州における一院制議会	藤本一美	一六〇〇円
ルソーの政治思想	根本俊雄	二〇〇〇円
シリーズ〈制度のメカニズム〉		
アメリカ連邦最高裁判所	大越康夫	一八〇〇円
衆議院――そのシステムとメカニズム	向大野新治	一八〇〇円
WTOとFTA――日本の制度上の問題点	高瀬 保	一八〇〇円
フランスの政治制度	大山礼子	一八〇〇円
イギリスの司法制度	幡新大実	二〇〇〇円

〒113-0023 東京都文京区向丘1-20-6　TEL 03-3818-5521　FAX 03-3818-5514　振替 00110-6-37828
Email tk203444@fsinet.or.jp　URL:http://www.toshindo-pub.com/

※定価：表示価格（本体）＋税

東信堂

国際法新講〔上〕〔下〕	田畑茂二郎	〔上〕二九〇〇円／〔下〕二七〇〇円
ベーシック条約集（二〇〇九年版）	編 松井芳郎	二六〇〇円
ハンディ人権条約集（第3版）	編 松井芳郎	一六〇〇円
国際人権条約・宣言集（第3版）	編集代表 松井芳郎	三八〇〇円
国際経済条約・法令集（第2版）	編集 松井芳郎・薬師寺公夫・坂元茂樹・小畑郁・徳川信治	三九〇〇円
国際機構条約・資料集（第2版）	編集代表 香西茂・安藤仁介	三三〇〇円
判例国際法（第2版）	編集代表 松井芳郎	三八〇〇円
国際立法——国際法の法源論	村瀬信也	六八〇〇円
条約法の理論と実際	村瀬信也編	四二〇〇円
武力紛争の国際法	真山全編	一四二六〇円
国連安保理の機能変化	坂元茂樹編	二六〇〇円
海洋境界確定の国際法	村瀬信也編	二七〇〇円
国際刑事裁判所	村瀬信也・洪恵子編	二八〇〇円
自衛権の現代的展開	村瀬信也編	四二〇〇円
国連安全保障理事会——その限界と可能性	神瀬信也・奥脇直也編	二八〇〇円
国際経済法〔新版〕	松下満雄	三三〇〇円
国際法から世界を見る——市民のための国際法入門〔第2版〕	松井芳郎	三八〇〇円
東京裁判、戦争責任、戦後責任	大沼保昭	二八〇〇円
国際法／はじめて学ぶ人のための	大沼保昭	三六〇〇円
国際法学の地平——歴史、理論、実証	小田滋	一二〇〇〇円
国際法と共に歩んだ六〇年——学者として裁判官として	寺谷広司編著	六八〇〇円
海の国際秩序と海洋政策	中川淳司編	一二〇〇〇円
21世紀の国際機構：課題と展望	位田隆一編	七一四〇円
〔21世紀国際社会における人権と平和〕（上・下巻）	編集代表 栗林忠男・秋月弘子・安藤仁・中野道介	
国際社会の法構造——その歴史と現状	栗山	五七〇〇円
現代国際法における人権と平和の保障	香西茂之	六三〇〇円

〒113-0023　東京都文京区向丘1-20-6　TEL 03-3818-5521　FAX 03-3818-5514　振替 00110-6-37828
Email tk203444@fsinet.or.jp　URL:http://www.toshindo-pub.com/

※定価：表示価格（本体）＋税

東信堂

《未来を拓く人文・社会科学シリーズ》(全17冊・別巻2)

科学技術ガバナンス	城山英明編	一八〇〇円
ボトムアップな人間関係――心理・教育・福祉・環境・社会の12の現場から	サトウタツヤ編	一六〇〇円
高齢社会を生きる――老いる人/看取るシステム	清水哲郎編	一八〇〇円
家族のデザイン	小長谷有紀編	一八〇〇円
水をめぐるガバナンス――日本、アジア、中東、ヨーロッパの現場から	蔵治光一郎編	一八〇〇円
生活者がつくる市場社会	久米郁夫編	一八〇〇円
グローバル・ガバナンスの最前線――現在と過去のあいだ	遠藤乾編	二二〇〇円
資源を見る眼――現場からの分配論	佐藤仁編	二〇〇〇円
これからの教養教育――「カタ」の効用	葛西康徳・鈴木佳秀編	二〇〇〇円
「対テロ戦争」の時代の平和構築――過去からの視点、未来への展望	黒木英充編	一八〇〇円
企業の錯誤/教育の迷走――人材育成の「失われた一〇年」	青島矢一編	一八〇〇円
千年持続学の構築	桑子敏雄編	二二〇〇円
日本文化の空間学	木村武史編	一八〇〇円
多元的共生を求めて――〈市民の社会〉をつくる	宇田川妙子編	一八〇〇円
芸術の生まれる場	沼野充義編	一八〇〇円
芸術は何を超えていくのか？	木下直之編	二〇〇〇円
文学・芸術は何のためにあるのか？	吉岡洋・岡田暁生編	二〇〇〇円
紛争現場からの平和構築――国際刑事司法の役割と課題	城山英明・遠藤乾治編	二八〇〇円
〈境界〉の今を生きる	荒川歩・川喜田敦子・谷川竜一・内藤順子・柴田晃芳編	一八〇〇円

〒113-0023 東京都文京区向丘1-20-6
TEL 03-3818-5521 FAX 03-3818-5514 振替 00110-6-37828
Email tk203444@fsinet.or.jp URL:http://www.toshindo-pub.com/

※定価：表示価格（本体）＋税

東信堂

〈シリーズ 社会学のアクチュアリティ：批判と創造 全12巻+2〉

クリティークとしての社会学	——現代を批判的に見る眼	西原和久 編	一八〇〇円
都市社会とリスク	——豊かな生活をもとめて	都築一治 編	二〇〇〇円
言説分析の可能性	——社会学的方法の迷宮から	宇都宮京子 編	二〇〇〇円
グローバル化とアジア社会	——ポストコロニアルの地平	浦野正樹 編	二三〇〇円
公共政策の社会学	——社会的現実との格闘	友枝敏雄 編	二〇〇〇円
社会学のアリーナへ	——21世紀社会を読み解く	武川正吾 編	二二〇〇円

【地域社会学講座 全3巻】

地域社会学の視座と方法	似田貝香門 監修	二五〇〇円
グローバリゼーション/ポスト・モダンと地域社会	古城利明 監修	二五〇〇円
地域社会の政策とガバナンス	矢澤澄子 監修	二七〇〇円

〈シリーズ世界の社会学・日本の社会学〉

タルコット・パーソンズ	——最後の近代主義者	中野秀一郎	一八〇〇円
ゲオルグ・ジンメル	——現代分化社会における個人と社会	居安正	一八〇〇円
ジョージ・H・ミード	——社会的自我論のゆくえ	船津衛	一八〇〇円
アラン・トゥレーヌ	——現代社会のゆくえと新しい社会運動	杉山光信	一八〇〇円
アルフレッド・シュッツ	——主観的時間と間主観的時間	森元孝	一八〇〇円
エミール・デュルケム	——危機の時代の社会学再建と透徹した警世家	中島道男	一八〇〇円
レイモン・アロン	——時代を診断する亡命者	岩城完之	一八〇〇円
フェルディナンド・テンニエス	——ゲマインシャフトとゲゼルシャフト	吉田敦彦	一八〇〇円
カール・マンハイム		澤井敦	一八〇〇円
ロバート・リンド	——アメリカ文化の内省的批判者	佐々木交賢	一八〇〇円
費孝通	——民族自省の社会学	園部雅久	一八〇〇円
奥井復太郎	——都市社会学と生活協議の創始者	藤本雅弘	一八〇〇円
新明正道	——綜合社会学の探究	山本鎮雄	一八〇〇円
米田庄太郎	——新総合社会学の先駆者	中島久滋	一八〇〇円
高田保馬	——理論と政策の無媒介的統一家族研究	北合隆男	一八〇〇円
福武直	——民主化と社会学の軌跡実証社会学の現実化を推進	蓮見音彦	一八〇〇円
戸田貞三			

〒113-0023 東京都文京区向丘1-20-6　TEL 03-3818-5521　FAX 03-3818-5514　振替 00110-6-37828
Email tk203444@fsinet.or.jp　URL:http://www.toshindo-pub.com/

※定価：表示価格（本体）＋税

東信堂

責任という原理——科学技術文明のための倫理学の試み——『責任という原理』へ	H・ヨナス 加藤尚武監訳	四八〇〇円
主観性の復権——心身問題から『責任という原理』へ	H・ヨナス 宇佐美・滝口訳	二〇〇〇円
テクノシステム時代の人間の責任と良心	H・ヨナス 山本・盛永訳	三五〇〇円
空間と身体——新しい哲学への出発	桑子敏雄編	二五〇〇円
環境と国土の価値構造	桑子敏雄	三五〇〇円
森と建築の空間史——南方熊楠と近代日本	千田智子	四三一一円
感性哲学1〜8	日本感性工学会感性哲学部会編	一六〇〇〜二一〇〇円
メルロ゠ポンティとレヴィナス——他者への覚醒	屋良朝彦	三八〇〇円
堕天使の倫理——スピノザとサド	佐藤拓司	二八〇〇円
〈現われ〉とその秩序——メーヌ・ド・ビラン研究	村松正隆	三八〇〇円
省みることの哲学——ジャン・ナベール研究	越門勝彦	三三〇〇円
バイオエシックス入門(第三版)	今井道夫・香川知晶夫編	二三八一円
バイオエシックスの展望	松坂井昭宏編著 岡悦宏	三二〇〇円
動物実験の生命倫理	大上泰弘	四〇〇〇円
生命の神聖性説批判——個体倫理から分子倫理へ	訳代表者飯田亘之 H・クーゼ	四六〇〇円
カンデライオ(ジョルダーノ・ブルーノ著作集1巻)	加藤守通訳	三二〇〇円
原因・原理・一者について(ジョルダーノ・ブルーノ著作集3巻)	加藤守通訳	三六〇〇円
英雄的狂気(ジョルダーノ・ブルーノ著作集7巻)	加藤守通訳	三六〇〇円
ロバのカバラ——ジョルダーノ・ブルーノにおける文学と哲学	加N・オルディネ 藤守通訳	三六〇〇円
哲学史を読む I・II	松永澄夫	各三八〇〇円
言葉の働く場所	松永澄夫	三二〇〇円
食を料理する——哲学的考察	松永澄夫編	二三〇〇円
言葉の力(言葉の力第I部)——哲学的考察	松永澄夫	二〇〇〇円
音の経験(音の経験・言葉の力第I部)	松永澄夫	二五〇〇円
音の経験・言葉の力第II部——言葉はどのようにして可能となるのか	松永澄夫	二八〇〇円
環境 安全という価値は…	松永澄夫編	二〇〇〇円
環境 設計の思想	松永澄夫編	二三〇〇円
環境 文化と政策	松永澄夫編	二三〇〇円

〒113-0023 東京都文京区向丘1-20-6 TEL 03-3818-5521 FAX03-3818-5514 振替 00110-6-37828
Email tk203444@fsinet.or.jp URL·http://www.toshindo-pub.com/

※定価:表示価格(本体)+税